「あの人」と「わたし」を

比べない練習

心理カウンセラー・イメージコンサルタント
瀧本紗代

ダイヤモンド社

はじめに

「比べない」は幸せへの第一歩

「誰か」と比べなければ、人はみんな幸せになれる。

私は、そう確信しています。

なぜ、こう言い切れるのでしょうか。

それは、私自身が「人と比べる」のをやめたことで、人生が大きく変わったからです。

今でこそ私は、その方の生まれ持った魅力を引き出し、人生を輝かせるお手伝いをするイメージコンサルタントとして活動をしています。

でも、わずか数年前までは、地方の金融機関に勤める、自己否定と不満だらけの独身アラフォーOLでした。

「お局《つぼね》」と呼ばれる年齢になり、誕生日が近づくたびに「ああ、またひとつ、歳をとっていく……」と、将来に対して理由のわからない漠然とした不安と恐怖を感じる日々。

まわりから、結婚や妊娠の報告を聞くたびに「また、あの人も」と落ち込み、ときには、自分とはまったく関係のない芸能人のニュースにすら感情を揺さぶられる毎日を過ごしていました。

また、私はHSP（Highly Sensitive Person）の傾向があり、まわりの感情や反応に人一倍敏感だったため、他人のささいな言動が気になってしかたなく、心が休まるヒマがありませんでした。

ストレスがたまったあげく、何度も胃潰瘍《いかいよう》になりました。

体調もすぐれず、自分の未来にも希望が持てない。
外見にも内面にも自信がなく、人と比べては自分を否定するばかりで、人生、ドン底だと思いながら日々を過ごしていたのです。

そんな私が、なぜ今では600名以上のクライアントさんを抱えるイメージコンサルタントとして活躍し、当時よりも年齢を重ねたにもかかわらず、ありのままの自分に自信を持ち、自分の未来に希望を持って生きられるようになったのか。
クライアントさんに「私も瀧本さんのように自分のことが好きになって、生き生きと前向きに人生を送りたい」「年齢を重ねても自信を持って生きられるようになりたい」と言われるようになったのか。

その最大の理由が、**「誰かと比べる」のをやめた**ことなのです。

「自己否定」と「不満」だらけだった私が変われた理由

あなたも、もしかしたらSNSで流れてくる、友人や知人の幸せそうな姿を見るたび、

「もう子ども2人目なんだ！（それに比べて私は……）」

「プライベートが華やかで楽しそう……（それに比べて私は……）」

「バリバリ活躍していそうで、うらやましい（それに比べて私は……）」

などと、人と自分を比べて、心をモヤモヤさせていないでしょうか。

私はずっとそうでした。

だからこそ、まわりと比較して自分を否定しがちな人の気持ちが痛いほどよく

わかります。

そんなみなさんに、私は「もう、比べなくていいよ」「あなたには、あなただけの魅力がある」「その魅力に気付くだけで目の前の世界が一変するよ」と伝えたくて、この本を書いています。

私は、ドン底だった日々と決別しようと決めたあと、「パーソナルカラー診断」「骨格診断」「顔タイプ診断®」など、どうやったら外見を魅力的に整えられるかを次々と学び、多くの資格を取得しました。

こうした知識は今、イメージコンサルタントとして、クライアントさんの生まれ持った外見の魅力をお伝えし、どうやって活かしていくかをアドバイスする役に立っています。

さらに私は、内面からも自分を変えたいと思い、「自己否定をやめるにはどうしたらいいか」「どうやったら自信を身につけられるか」などを知るために、心理学の講座も数多く受講し、心理カウンセラーの資格も取得しました。

そうして、外見、内面、両方に働きかける方法が少しずつわかってくると、人と比べる頻度が減り、徐々に自分を認めてあげられるようになりました。

さらに、自分の評価をまわりや世間一般に求めなくなったことで、どんどん苦しさから解放されていきました。

そして、日々使う言葉や行動までもが大きく変化していき、その結果、今では職業や環境、まわりの人々も一変し、穏やかで幸せな毎日を送っています。

たった数年前まで「自己否定と不満だらけのアラフォーＯＬ」だった私が、今ではさまざまな悩みを抱える方の人生を変えるサポートができるようにまでなれたのです。

誰でも「比べない練習」ができる！

あなたは自分の価値を、自分で認めるだけで幸せになれる。
あなたの評価を他人やまわりに求めるから、苦しくなるのです。
あなたが自分を認めることで、心が喜び、内面も外見もキラキラと輝き出します。

「そう言うのは簡単だけど、なかなか難しい」
「無意識のうちに、自分を否定するのがやめられない」
「今まで自己啓発本をたくさん読んできたけど変われない」
「どうしても自分に自信が持てない」
などと考える方のために、この本では、イメージコンサルタントの技術を活かした外見に自信を持つ方法、そして心理カウンセラーの知識を活かした内面に自信を持つ方法、両方から働きかける方法を詳しくお伝えします。

私のもとには、悩んでドン底まで落ちていた過去の私のように、まわりと自分を比べて自分を否定し、つらい思いをしている方が数多く相談に来られます。

コンサルティングを受けていただいたクライアントさんからは、

「こんなに自分のことを愛おしく思えたのは、はじめてです！」

「やっと自分を心の底から認めることができました！」

「表情やオーラが変わったと言われました！」

「毎日、笑顔で過ごせるようになりました！」

「彼ができました！」「昇進しました！」

「日々の生活は本当に何も変わっていないのに、見える世界が一変しました！」

など、うれしいご報告があとをたちません。

大丈夫です。

もし、あなたがまわりと比較して、苦しくなっていることがあるとすれば、それはすべてただの「思い込み」です。

あなたには、あなただけの魅力がたくさんあります。

ただ、その魅力の見つけ方、認め方を知らなかっただけなのです。

何歳からでも遅くありません。

学校では教えてもらえなかった、「誰か」とあなたを比べない練習。

この本で、私と一緒に始めてみませんか？

CONTENTS

第2章

コンプレックスは「最大のチャームポイント」
――「何者か」になろうと頑張っていませんか？

第3章

あなたはすでに「100点満点」の人

――「セルフイメージ」を書き換える方法

第4章

「そのままのわたし」で幸せな人生を送るために

──頑張り癖のあるあなたに贈る「合言葉」

第 1 章

悩みは「比べる」から生まれる

――「あの人」と「わたし」はべつの人

日々、見えない何かを恐れて戦っていませんか？

私がまだ30代で金融機関に勤めていたころ、この先どうなるのか、自分の未来や人生の行方がわからず、漠然とした「不安」を抱え、毎日を過ごしていました。

あのころはその漠然とした「不安」の原因が何かわからなかったのですが、今から思うと、未来に希望が持てなかった最大の理由は、自分がいわゆる世間一般で言われるような「**あたりまえの幸せのパターン**」に、あてはまっていなかったことなのではないかと思います。

今は30代で独身の方も多くいらっしゃると思うのですが、地方都市に住む私のまわりや親世代の間では、まだまだ「20代で結婚・出産」であったり、「結婚して一軒家を建てる」というのがいわゆる「普通」。それが典型的な「幸せのカタチ」だと考えられることが多く、私も無意識のうちにそう信じていました。

ところが私は、30歳を超えても結婚の気配すらない。

毎日、職場に出勤し仕事をしているだけで、すぐに1日が終わり、1週間が過ぎ、気付けば1ヶ月が経っていく。そうしてどんどん時間が過ぎ、年齢を重ねれば重ねるほど、自分の人生が「賞味期限切れ」となる気がして、怖くてたまらなかったのです。

また、まわりの多くも「20代で結婚」が「幸せのカタチ」だと信じています。ですから、30歳を超えてくるとまわりからのプレッシャーがかかります。

親や親戚などに「誰かいないの？」と言われるのは日常茶飯事。「○○ちゃんはもう2人目なんだって」などと、無意識に同年代の友人と比べられることもよくありました。

また、近年では「性別や年齢による差別はよくないこと」と考えられていますが、私が勤めていたのは、まだまだ古い体質が残る地方の金融機関です。

毎年若い新入社員が次々と入社し、自分は何も変わっていなくてもどんどん後輩が増えていく。そんな状況の中、たとえ責任のある仕事を任せられていたとしても、30歳を過ぎて独身だった私は陰で「お局」扱いされていると感じることも少なくありませんでした。

さらに、同じ年代の女性でも、結婚して子どもがいる人は残業などの面で優遇されるのに、独身で子どものいない私はあたりまえのように、その分の残業を引き受けざるを得ない状況も多くありました。仕方ないと頭ではわかっていながらも理不尽さを感じずにはいられないのが正直なところでした。

私は新卒のころから何も変わらずに毎日まじめに仕事をしているだけなのに、なぜかまわりからの扱いや待遇がどんどん悪くなっているように感じる……。そんな日々の中、少しでも時の流れや年齢に逆らいたいともがき、何か見えない敵とずっと戦っているようで気持ちが疲弊しきっている、そんな毎日だったのです。

30代になると急にセルフイメージが低くなる人が多い理由

私のところに相談に来られる方々も、30歳を過ぎると急に自分に対する「セルフイメージ」が低くなるケースが非常に多いです。

特に未婚女性は、「20代で結婚」していないというだけで、保守的な親や周囲の人たちから、「まわりと同じことができていないということは、何かが欠けているのではないか?」「性格的に問題があるのでは?」などと、ハッキリとは言われないまでも、人格を疑われるような言動を受けているように感じることも少なくありません。

私のように、これまでと変わらず一生懸命働いていても、職場での待遇が変わっているように感じる場合もあるでしょう。

そうして「まわりと足並みを揃えられていない」ことで、「私ってダメなんだ」「〝普通〟の人生が送れないかもしれない」というように、自分を「価値がない」と感じて責めてしまう女性が、なんと多いことでしょうか。

また、同年代の友人たちとの生活環境に違いが生まれるのも、まさに20代後半です。自分は結婚せずに働いている。でも、Aちゃんはダンナさんの転勤で海外に引っ越すらしい。Bちゃんは2人目の子どもが生まれて幸せそう。

「みんなは〝あたりまえ〟の幸せを手にしているのに、なぜ、私はできないのだろう」

そう考え、ことあるごとに自分で自分を否定してしまうことで、セルフイメージがガタ落ちしてしまうのです。

首都圏にお住まいの方からすれば「え、いまだにそんなことある?」と思われるかもしれません。でも、世代間の違いもあるとは思いますが、特に大都市以外ではまだまだ「結婚して子どもを産むのが、女性の幸せ」という価値観が根強く残っており、直接言われないまでも無意識に受け継いでしまっている場合も少なくありません。

そして、悪気はなくても、「20代で結婚」をするのがあたりまえという考えで、周囲に接してしまう人もいます。

実際に、私がまだ地方の金融機関に勤めていたころは、異動になるたびに、新しい部署で「結婚してらっしゃるんですか？」「お子さんはおられるんですか？」と、普通にたずねられることが多々ありました。

そうやって聞かれるたびに「20代で結婚」していなかった私は、非常に肩身の狭い思いをし、私は「普通」じゃないんだと無意識に「自分責め」をしてしまっていたのです。

自分の「好き」「嫌い」さえわからなくなっていた過去

疲れと目に見えないプレッシャーや不安がピークに達し、身も心もボロボロだった34、35歳ごろ、私は本気で「人生を変えたい！」と思い、パーソナルカラー診断や骨格診断、心理学や脳科学などのさまざまな講座を受けていました。

ある脳科学のセミナーを受けに行ったときのことです。講師の方に、「紗代さん、今、好きなことや好きなものはなんですか？」「何をしているときが楽しいですか？」と聞かれた私は、言葉に詰まってしまいました。

「え？　私の好きなこと……」、しばらく考えても何も思い浮かばない自分に、私はショックを受けました。

あとから考えると、当時の私はいろいろな面で、自分の本音をずっと抑え込んでいました。そして「好きなこと」や「楽しいこと」よりも、「常識的であること」や「世間一般や親から正解と思われること」を無意識に選び、従うようになってしまっていたのです。

たとえば、買い物をするとき、フリルが付いていたり、ふわふわしていて「かわいい！」と思う服があっても、「いやいや、30歳過ぎているんだしイタイと思われるかも……」「〝先輩〟なんだから、もっとシンプルなスタイルじゃないと」と、好みよりも〝役割にふさわしい〟服を選ぶ。仕事では、「主任なんだから、弱音を吐いちゃダメ」と、どんなにつらいことがあってもまわりに助けを求めずに、感情を抑えて、とにかくやるべきことに集中し、どうにか自分一人で解決しようとする。甘えることができない。

相談に来られるクライアントさんでも、そのように、自分の気持ちにフタをして生きている方も少なくありません。

私の場合、みんなが「あたりまえ」と考える人生を歩んでいなかったことも、自分の本音を抑え込む、大きな原因のひとつだったかもしれません。

なぜなら、私は頭の中で無意識に、「多くの人が考える幸せな人生を歩めていない＝私には何か非があるのではないか」と考え、自分の好みや考えに自信が持てずにいたからです。

「他人軸」に人生を任せない

クライアントさんでも、自分の好みに自信が持てず、デートに行くときに着る服を選ぶのに「モテ服」「第一印象・好印象に見られる服」などと検索して、コーディネートを決めている方もたくさんおられます。

でも、**自分の好みや考えを尊重せず、「常識的とされること」「世間から正解と思われること」などの「他人軸」に自分の人生を任せていたら、いつまでたっても自分を幸せにしてあげることはできません。**

私がそのことに気付いた大きなきっかけが、セミナー講師の方に聞かれた「**〝あなたの〟好きなことは、なんですか？**」という質問だったのです。

若い＝価値がある？ 結婚＝幸せになれる？

以前の私も含めた、多くの人は「若い＝価値がある」「結婚＝幸せになれる」という、誰が決めたかわからない世間の常識にとらわれています。

だから、幸せになるためには「20代で結婚・出産」するべきという考えにいたり、そのとおりのコースを歩まない人を苦しめているのです。

たしかに40代より30代、30代より20代と年齢が若いほうが、何もしなくても肌や髪はきれいかもしれません。また、体力も若いほうがあるでしょう。

でも、今はテクノロジーの進歩で、見た目の状態はいくらでも整えられます。健康に気を使えば、体力だってずいぶん長く維持することができます。

また、「結婚している・していない」「子どもがいる・いない」は、ただ単にそれぞれの状況を示しているだけ。そこに意味や優劣はありません。

まだ日本が「これから成長しよう」としていた、戦後の高度成長期（1955年〜1973年ごろ）には、男性は経済の発展のために長時間労働もいとわずに働くことが求められていました。そして女性は、男性を家庭で支えることがよいとされていました。だからこそ、「女性の幸せは結婚して、夫や家族を支えること」という風潮が一般的になったのでしょう。

でも、そんな時代に広がった「結婚＝幸せになれる」という価値観は、もはや今では通用しなくなっています。

「ないものねだり」も比べるから起きる

私は、結婚して専業主婦をされている方からの相談を受けることもよくあります。

結婚して子育て中の女性からしてみれば、「独身の人は、自分のために使う時間やお金がたくさんあってうらやましい」「子どもにはお金が使えるけど、自分には……」「カフェや飲みに行ったりして、キラキラして楽しそう」「自分はまだ子どもが小さくて、洋服も洗濯が簡単なものしか着ることができず、オシャレとはほど遠い」など、多くの悩みがあります。

結婚していない人、している人、お互いに「ないものねだり」なのでしょう。

それもやはり「他人と自分を比べている」から、起きる考えなのです。

悩みは「比べる」から生まれる

「はじめに」でもお話ししたように、私は人と自分を比べるのをやめてから、人生が大きく変わりました。

人の評価などの「他人軸」に自分の判断を任せてきた結果、自分責めを重ね、自己肯定感がドン底の、毎日に不満や不安しかない人生になっていたと気付いたことが最大のきっかけです。

特に近年はＳＮＳの発達により、スマホを手にするだけでまわりの人の近況が目に飛び込んでくるようになりました。

以前だったら、たとえば、卒業して会うことのなくなった同級生の近況などはほとんど知り得ることがなかったでしょう。でも、今では「友人の友人」といった関係でも、どんな生活を送っているのか、SNSを見ればいやでも知らされるようになっています。

そうして比べるきっかけが増え、まわりにどう思われるかが重視されているのも、悩みを増やす原因のひとつです。

「誰かと自分を比べる」ことの最大の問題は、比べることをやめない限り、一生、悩み続けなければならないことです。

たとえば、あなたが親友のAちゃんと自分を比べるとしましょう。外見だけでも、肌や髪の状態、骨格、体重、選ぶ服や小物など、たくさんの比較するポイントがあります。それだけでなく、仕事や休日の過ごし方、交友関係など、比べようと思ったらいくらでも考えられるでしょう。

たった一人の親友だけでもそうなのですから、まわりの友人たち、職場の同僚、先輩や後輩、芸能人など範囲を広げていったら、とてもキリがないことがわかるはずです。

もし「誰か」と比べて、自分が優位になっていることで心を落ち着けようとしたら、どんなことでも世界一にならなければなりません。とても現実的ではありませんよね。

また「常識」や「世間一般で言われること」と自分を比較するのも、悩みを生み出す大きな原因です。

私も「20代で結婚・出産するのが女性の幸せ」という考えと自分を比べ、ずいぶん苦しみました。それ以外にも、ささいなことですが「30歳を過ぎたら、かわいい服はふさわしくない」など「こうある〝べき〟」に縛られて、自分の本当の気持ちを見失っていたのです。

まわりの人や世間などと自分を比較するのは、さまざまな判断基準を他人任せにしているということです。

人は、まわりと比べて自分はどうかという「相対的な幸福」よりも、本当の自分の気持ちに従う「絶対的な幸福」のほうが、より幸せを感じると言われています。

外的な要素によって感じる幸せは、条件が変われば「幸せ」だと思えなくなります。

外側に答えを求めても、振り回されるばかりで、いつまでたっても「あなたの正解」は見つからないのです。

一方で、**自分の気持ちを大切にし、自分軸で生きると、まわりに左右されることがなくなります**。自分の中で答えが見つかり、そのためにどうすればいいかがわかるので、心が満たされていくのです。

「婚活本」「美容本」を読みあさっても根本的解決にはつながらないわけ

「こんな自分じゃダメだ」と自分を否定しまくっていたとき、私は自分じゃない「何者か」になれば、人生が変わるはずと信じていました。

だから、美容本を読んで「あの美容家さんと同じコスメを使えば、変われるんじゃないか？」とコスメを買いあさったり、「あのモデルさんと同じお洋服を着たら、すてきになれるんじゃないか？」と服にお金を注ぎ込んだりしていました。

ある美容家さんの美容講座を受けるために、住んでいた滋賀から大阪や名古屋に通ったこともあります。

でも、コスメにお金を使って何かが変わったかと言えば、残念ながら買ったそのときに満足し、2、3回使った程度。あとから気付いたのですが、そのコスメを使ったメイクは「その美容家さんがきれいに見えるメイク」です。そっくりそのまま真似をしても、私が魅力的になるわけではありませんでした。

洋服に関しても同じです。モデルさんが着てすてきに見える服が、そのまま私の魅力を引き立ててくれるわけではありません。さらに、私は世間体を重視して服を選んでいたので、自分の元々の好みでもなく、選ぶ服のほとんどが似合わないし、なぜか老けて見えました。

ひどいときはお給料のほとんどを買い物に使っていたのに、値札がついたまま、放置される服や使わないコスメが増えるばかりだったのです。

また、結婚に結びつく恋愛がしたかった私はいわゆる「婚活本」もよく読んでいました。

でも、ほとんどの「婚活本」に書かれているのは「お相手に『選ばれる』ためには、どうすべきか」というマニュアルです。

つまり「どうしたら相手に好かれるか」「選んでもらえるか」という他人軸の視点だけで書かれており、「どうなったら自分は幸せか」という点が、すっぽり抜け落ちていたのです。

実際に私も、出会いの場に行ったとき「〝婚活本〟に書かれているように振る舞おう！」としたこともあります。

でも、無理をして清楚なキャラを演じても、楽しくないばかりか、本当の自分を取り繕っているのは違和感として相手にも伝わります。

そして結局、選ばれずに「やっぱり私ってダメなんだ」「魅力がないんだ」「この年齢だから」などと自己否定して落ち込むことの繰り返しだったのです。

今の自分を「否定」しない

「美容本」も「婚活本」も、どんな商品があるか、どんな方法が効果的か、どうすればうまくコミュニケーションを取れるかなどの情報を得るためには、もちろんとても役に立つでしょう。

でも、**それを「正解」としてしまうと、今そうでない自分を「否定」してしまうことに繋がりかねません。**

そうすると情報に振り回されて終わってしまうので、本書でご紹介するワークなどをとおして自分なりの魅力を見つけたり、発揮したりするための気持ちを持って上手に取り入れましょう。

「自分に何か付け足そう」思考の落とし穴

私たちは、まわりと自分を比べ、自分に「あるもの」よりも、「ないもの」に目を向けがちです。

そして、今の自分に足りない「何かを付け足す」ことで、人生がよくなっていくのではないかと考えます。

以前の私は、今の自分には何か足りないと自己否定を繰り返し、まさに「何か付け足さなければ」思考にハマっていました。

私の場合、父親が昔気質《かたぎ》の厳しい人で、子どもをほめることはめったにない環境で育ったのも影響していたように思います。たとえば、テストで90点を取ってもほめられることはなく、それなら100点を取ればほめてもらえるかもと幼少期から無意識に「完璧」を目指すようになっていました。

また、私には妹弟がいるのですが、妹弟と比べられたり、幼なじみで勉強ができるNちゃんと比べられることも多々ありました。

そのため、私は子ども心になんとか「父に認めてもらおう」「ほめられたい」と、必死で自分に何かを付け足すことを考えました。そして、ありとあらゆる資格を取得するようになったのです。

そのクセは大人になってからも続き、高校生のときの英検から始まり、図書館司書や学芸員の資格、就職したあとはファイナンシャル・プランニング技能検定（FP）、相続アドバイザー、二種外務員資格、さらに、イメージコンサルタントになる前も、パーソナルカラーアナリスト、骨格診断アドバイザー、顔タイプアドバイザー1級、顔タイプメイク®アドバイザー（2020年2月時点の名称）などの資格を取得。

合計で30個以上もの資格を持っています。

もちろん人生において、「自分に何かを付け足す」ことがまったく役に立たないわけではありません。資格であれば、就職や転職の役に立つこともあるでしょうし、資格取得のために目標に向かって努力して何かをやり遂げるのは、いい経験になります。

実際に私も資格をとる過程で、さまざまな知識と経験を身につけることができました。

ただ、ここで私が言いたいのは、**自分と「誰か」を比べて、「自分にはあれが足りない」「これが不足している」と考えるのは、〝ありのままの自分〟を否定している**ということです。

私は、自分が長年苦しんだからこそ、みなさんにもこの事実に気付いていただきたいと思っています。

私のように、資格をたくさん取得することで、何かすごい人になれるのではないかと考えたり、親や世間に認めてもらおうとしてしまっていたのも、どこか人からの評価を求めているから。「自分軸」ではなく、「他人軸」で、自分を評価しているということです。

以前の私が美容本や雑誌（今であればSNSやYouTube）などを読みあさり、コスメやお洋服を買いまくっていたのも、根底に「今の自分じゃダメ。何かを付け足さないと」という考えがあったからでしょう。

自分の価値を認め、存在そのものを肯定してあげることが、人と比べるのをやめて、幸せな人生を送るための重要な心の土台を築きます。

人と比べて「何かを付け足そう＝今の自分じゃダメ」と自分を否定し続けるのは、ゴールの見えない苦しいマラソンを走り続けるようなものなのです。

頑張り屋さんほど陥りがちな「自分責め」から卒業する

私は「**頑張れば頑張るほど、幸せから遠ざかる**」、そして「**頑張らないほうが幸せになれる**」と考えています。

ここで言う「頑張る」とは、他人からの評価を求めて努力すること。

以前の私は、ずっと「頑張って」いました。でも、頑張っても頑張っても、一向に幸せになれる気がしない。

なぜなら、頑張れば頑張るほど「今、何か足りない自分」にフォーカスして自分を責め、ありのままの自分に「ＯＫ」を出せていなかったからです。

近年「自己肯定感」という言葉をよく耳にします。

「自己肯定」とは、ありのままの自分を認め、肯定することです。

でも、多くの人は「自己肯定感」を「〝自分はすごい〟と思える」マインドのことだと思っています。つまり、「すごい」と思えるような、人と比べて秀でた面がないと、自分を認めることができないと無意識に考えているのです。

だから多くの人は、「自分なんて、とてもとても……」と、「自分否定モード」に入ってしまいます。

でも**「自己肯定感」とは、本来「〝自分〟をそのまま受け止めてあげる」感覚のこと**です。

たとえば、あなたはお料理が苦手だとします。そこで「料理すらできない私って……」と自分を責めず、「苦手な自分でいい」と、受け止めてあげる。

これが「自己肯定」です。誰かと比べて「できない」ことがあっていいんです。何かが「できない」のは、能力がないわけでも、劣っているわけでもない、単なる個性です。

そう考えて、一般的なものさしで測ったら「よい」ところも、「悪い」ところも、そのまま自分を受け入れてあげる。それが誰よりも大切な「自分」を「肯定」するということなのです。

私がいくらこうお伝えしても、まじめで頑張り屋さんほど「女性だったら、料理くらいできないと」といった世間一般の考えに合わせようとしたり、「あの子はいつも自炊していてすごい」などと誰かと比べたりして、それができない自分を責めます。

私と同じように、ほめることが少ない厳しいご両親のもとで育った方や長女の方ほど、「自分責め」をしがちです。

また、育った環境だけでなく、まじめで責任感が強い方ほど「誰か」と自分を比べて、「自分はまだまだ。もっと頑張らないと！」と、自分を否定し、ひたすら頑張り続ける傾向にあります。

この**無意識の「自分責め」から卒業し、他人の評価のために自分をすり減らすのをやめるのが、私の考える「頑張るのをやめる」ということ**なのです。

揺るがない「自己信頼」を得るための3つのアプローチ

ここまでお話ししてきたように、多くの人がまわりや世間の常識といったものと自分を比べて、ありのままの自分に自信が持てなくなっています。

そして、自分が本当に「どうなれば幸せになれるか」を見失っているのです。

では、いったいどうしたら今ある自分を受け入れて、認めて、自分で自分を幸せにしてあげることができるのでしょうか。

私はイメージコンサルタントとして、600名以上のクライアントさんに、「生まれ持った外見の魅力を知り、どうやって活かしていくか」、そして、「どうすればありのままの自分に自信を持ち、自分を認めてあげられるか」の、外見と内面の両方にアプローチする方法をアドバイスをしてきました。

ですが、アドバイスを受けるだけで、クライアントさんの人生が100％変わるわけではありません。そうした知識に加え、大切なのが「**実際に行動してもらうこと**」です。

つまり、「**①外見からのアプローチ**」、「**②内面からのアプローチ**」、そして「**③実際に行動するためのアプローチ**」、**この3つがセットになってはじめて、ありのままの自分に揺るぎない自信を手に入れて、現実を変化させることができる**のです。

○○診断はあくまでヒント

近年パーソナルカラー診断や骨格診断がメディアに取り上げられることも増え、そうしたサービスを活用する方が増えているのは、とても喜ばしいことです。

でも、せっかくパーソナルな診断を受けるのであれば、あなたの個性とあなた自身が「どうなりたいか」を知り、なりたい自分を叶える方法まで手に入れてほしいと私は思っています。そして、**○○診断はあくまでもヒントであり、〃正解ではない〃**ということも知っていただきたいと思っています。**まじめな方ほど、こういった診断を「正解」「答え」だと捉え、それに当てはまらないものは選んではいけない、身につけてはいけないという思考に陥りがち**だからです。

そう言う私も、以前は「自分がどうなりたいか」など考えたこともなく、「とりあえず、世間的によく思われたい」「正解が知りたい」「今より若く見えるようになりたい」といった目的で、アドバイスを受けていました。

でも、それだけでは自分を認める内面が育っていないため、正解探しが終わらない。その瞬間はよくても、またすぐに不安が戻ってきてしまう。そうしてまた、「○○診断」を受けに行くという、診断迷子になっていた時期もありました。

そんなことを繰り返し、最終的に「外見」だけでなく、自分自身を認める「内面」の大切さに気付き、その「内面」からも働きかけ、「実際に行動」したことで、私の人生は大きく変わりました。

そのため、この本では次の章から、私がクライアントさんにお伝えしてきた、「①

外見からのアプローチ」、「②内面からのアプローチ」、そして「③実際に行動するためのアプローチ」をすべてご紹介していきます。

この3つが揃い、行動すれば、現実は変わっていきます。

ワークなども、たくさん盛り込んでいますので、ぜひ楽しみながら実践していただければと思います。

第 2 章

コンプレックスは「最大のチャームポイント」

――「何者か」になろうと頑張っていませんか?

「何者か」になろうと頑張っていませんか？

第2章では、どうしたらあなたが自信を持てるような外見になれるか、「①外見からのアプローチ」についてお話ししていきましょう。

私がイメージコンサルタントとして、多くの方にアドバイスしてきた経験から、みなさんにまずお伝えしたいのが、「**あなたにはあなただけの魅力がある**」「**あなたはあなた以外の〝何者か〟になる必要はない**」ということです。

たくさんの情報が簡単に手に入る今、「失敗したくない」「〝ダサい〟と思われたくない」と考え、一生懸命に「正解」を追いかけて誰かの真似をし、その結果、自分らしさを失っている方が増えているように感じます。

たとえば、韓国アイドルが流行《はや》れば、みんな同じようなメイクと髪型、そしてファッションをする。

「○○診断」がよく知られるようになると、診断に基づいたタイプごとに似合うと巷《ちまた》にあふれるほど紹介されている商品や色ばかり選ぶ、もしくは紹介されている商品や色しか選べない、などです。

実際に、私のところに「自分に似合う服がわからない」と、ファッション迷子になって相談に来られたAさんの例でお話ししましょう。

Aさんは女優の橋本環奈さん似のとてもかわいらしい女性です。それなのに、なぜかマスタードやモスグリーンなどのくすんだ色のお洋服ばかり身につけている。

そのせいで、せっかくのかわいらしいお顔立ちが引き立たず、なんだか元気がないように見えていました。

お話をうかがうと、パーソナルカラー診断を受けたら「オータム」だと言われたので、自分の好みとは関係なく「オータムタイプ」に似合うとされている色を選んでいたそうです。

私は、Ａさんの「どうなりたいか」をお話ししながら見つけていきました。そして、たとえ「オータム」だとしても、アプリコットやバニラホワイトなど、オータムの方に似合うと言われる色の中でも明るめであったり優しいイメージの色が似合うのではないかということ、そして、Ａさんのかわいらしさを引き立てるデザインなどを提案したのです。

すると、数週間後に再度お話ししたとき、表情が見違えるように明るくなり、まわりから「すごくかわいくなった！」とほめられるようになったと教えてくれたのです。

「自分がどうなりたいか」を優先する

また、私の例でお話しすると、私がまだアラサーで金融機関に勤めていたころ、世間ではカジュアルなスタイルが流行り始めました。

ラフなパンツにスニーカーがおしゃれだと言われ、スウェットパンツを街着で着こなす人も増えてきたころです。私も一生懸命、パンツスタイルに挑戦し、リュックやキャップなどカジュアルなアイテムにチャレンジしたりもしました。

でも、いくら頑張ってもどうしてもお洒落にはならず、部屋着のように見えて、どちらかというと地味に、そしてどうも老けて見える。

私なりの女性らしさを引き立てるのは、カジュアルではなかったのです。

もちろん私は、世間の流行や何かひとつの診断の結果が参考にならないと言っているわけではありません。

あくまでも結果をヒントとして捉え、そこに「自分はどうなりたいか」「どう見せたいか」をミックスしたり、あなたに似合うように流行を取り入れたりすることで、よりあなたなりの魅力は輝くのです。

「外見」にアプローチをすれば「内面」が変化する

人生を大きく変えるためには、「①外見からのアプローチ」、「②内面からのアプローチ」、そして「③実際に行動するためのアプローチ」のすべてが必要だとお話ししました。

この3つはそれぞれの持つ効果はもちろん、ひとつが進化すると残りの2つも前進するという、相乗効果があります。

私は30代後半に差し掛かるころ、「オシャレ迷子」になっていました。

先にお話ししたように、仕事関係では「主任」として、そして「年齢的にふさわしい服」として、シンプルで大人っぽい服を選んでいました。プライベートでは、流行に乗っかって「カジュアルな素材やアイテム」を身につけていたところ、なぜかいつも老けて、疲れて見えると言われ、自分でも自分が魅力的に思えずに、自己肯定感がどんどん下がる一方だったのです。

ところが、「パーソナルカラー診断」「骨格診断」「顔タイプ診断®」など、どうやったら外見を魅力的に整えられるかを学ぶうちに、だんだんと「自分には、どんな服が似合うのか」、そして、「自分はどんな服やメイクが魅力的に見えるのか」がわかってきました。

そして思い切って「こうあるべき服」や「世の中の流行」ではなく、昔から自分が好きだった、ふんわりとした素材やデザインの服を選び、メイクも変えてみました。

すると、急にまわりから「似合う!」「かわいい!」「年齢より若く見える!」などとほめられるようになったのです。

他人からほめられると、自分のことを認められるようになり自己肯定感が上がります。すると、少しずつ自信が出てきて、「どうせ私なんて……」と悲観的に生きていたところから、未来に希望が見えてきます。

私の場合、「私の意見なんて、誰も気にしない」「私なんて、なんだかんだ文句を言いながら、今のままこの職場で定年まで働いて、老けていくだけ……」などと否定的に考えていたのが、「こんなにほめられるようになれるなら、もっと人生が変わるかもしれない」と、前向きに考えられるようになりました。

そして、それまで県内からほとんど出ることもなく、とても狭い世界で生きていたところから、「もっと外見や内面を変えることについて学びたい」と滋賀から東京まででさまざまな講座を受けに通う行動力を身につけることができるようにもなったのです。

内面よりも外見からアプローチするわけ

よく、心理学で「自信を身につけるためには、毎日〝自分は素晴らしい存在である〟とか、〝自分は魅力的だ〟と、繰り返し言葉にするとよい」と言われています。

でも、私の場合、外見に自信が持てないときに、鏡に向かって「私は魅力的だ」「私は素晴らしい存在である」とは決して言えませんでした。いくら言葉にしても心からそう思っていないことが、自分でもわかっていたからです。

しかし、外見をほめられるようになり、少しずつ自分に自信が出てくると、素直に「私は魅力的だ（魅力的なところがある）」と言えるようになりました。そして、自分のことを本心から認められるようになり、その結果、自己肯定感が高まっていったのです。

「無意識に口にする言葉」があなたの外見をつくっている

外見、内面、そして行動する力は、お互いに深く関わり合っています。

ここでは、一見すると外見にはあまり関係ないように思えても、実は人の見た目に大きく影響を及ぼす「あること」についてお話しします。

「あること」とは、あなたが発する「言葉」です。

よく見かけるのが、「かわいい」「きれい」などとほめられているのに、「そんなことないです」と否定したり、「○○ちゃんのほうがずっとかわいいと思う」などと、自分の代わりに他人をほめたりする人です。

もしかしたら、みなさん、ほめられて素直に「ありがとう！」と言うのは、謙虚さに欠けると思うのかもしれません。

私も長年、ほめていただくことがあっても「そんな、そんな、全然です」と言い続けていました。

でも、人間の脳は発した言葉を素直に受け止めて、言葉どおりの人生を実現しようと働きます。「自分なんて、かわいくないです」「他の人のほうが、ずっときれいです」と言うのは、自分で自分を否定しているのと同じこと。

いつも「自分はかわいくない」と言い聞かせていたら、自己肯定感は知らず知らずのうちに下がり、だんだんと言葉どおりの外見に近づいていきます。

これって、とても恐ろしいことですよね。

とはいえ、急に全肯定で受け入れるのも難しいと思いますので、**まずは、ほめられたら素直に「ありがとう！」「うれしい！」「あなたもすてきですね」と笑顔でお礼を言って喜び、相手もほめることから始めましょう。**

また、人のうわさ話や悪口を言うのも同じこと。

脳は「主語」を理解しないと言われています。つまり「あの人って意地悪」「〇〇ちゃんは、先輩に取り入ってずるい」などと悪口を言うと、脳は「〝自分が〟意地悪」「〝自分が〟ずるい」と言っていると受け取ります。

そして、自分で意地悪やずるい行動をとるようになります。

意地悪な人やいつも悪口を言っている人は、何だか表情がゆがんでいたり、眉間にシワがよっていたりして、もともとの顔立ちは整っていたとしても、何か違和感がある……と感じたことはありませんか？

私は、すてきな外見は豊かな内面に支えられたもの、内面が滲み出るものだと思っています。自分が発する「言葉」をポジティブなものに変えていきましょう。

コンプレックスは「最大のチャームポイント」

多くの人は、自分の〝ありのままを活かそう〟と言われても、「私って目が細いし……」「唇が薄いし……」というように、顔のどこかしらのパーツにコンプレックスを持っています。

実際に私も「鼻が大きい」のがイヤで、ずっと気にしていました。それに加え、私の場合、幼いころに同級生の兄に「妹のほうがかわいい」と言われたことで、40歳近くになるまで、ずっと「私はかわいくないんだ」と引きずっていました。

何をきっかけに「鼻が大きくても、これでいい」と思えるようになったかというと、ある人に「外国人みたいで、鼻が高くてすてき」「それって、美人なパーツですよね」と言われたことです。

そう言われたときは、本当に目からウロコが落ちたような気持ちでした。

ですから私は、クライアントさんたちにも「コンプレックス」だと思っているパーツの見方を変えてみるよう、いつも提案しています。


たとえばあなたは「目が細い」のがコンプレックスで、あなたが思う「かわいい」は、目がぱっちりとしている顔だとします。

でも、見方を変えると「細い目」は、涼しげで品のある、美人の目です。逆に、目がくりっと大きくても、「ぎょろぎょろして見える」と悩んでいる人もいます。

多くの人が「美人」だと考える女優の北川景子さんは、くっきりとした目の持ち主です。でも、同じようにハッキリした目元の女性の多くが、「いつもキツく見られる」「怖いと言われる」と悩んでいるのです。「若いころから老けて見られていた」という方も実は少なくありません。

また、「唇が厚い」と悩む人は、見方を変えればそこがその人の女性らしいポイントですし、反対に「唇が薄い」と気にする人は、すっきり整った美人顔だと言えるのです。

人がコンプレックスに感じて気にする顔のパーツは、たいていの場合、ほかの人と比べて目立つ部分だと言えるかもしれません。

つまり、うまく引き立ててあげれば「コンプレックス＝最大のチャームポイント」になり得る可能性が高いのです。

また、あなたが「目が細い」「唇が厚い」と思うのは、誰と、どんな基準と比べてそう思うのでしょう。

私がそうお聞きすると、タレントや女優さんの名前をあげる人がいます。でも、芸能界で活躍している人には、必ずプロのメイクさんがいて、しっかり作り上げています。

ＳＮＳで活躍するインフルエンサーさんたちも同様です。写真の写り方を熟知して、一番きれいなところを切り取っている方と比べるのは、基準が高すぎると言えます。

　また、私が「妹のほうがかわいい」と言われたように、幼いころに親や同級生などにからかわれて気にするようになった、などのきっかけがある人も多いです。つまり、幼いころにショックを受けたために、誰かの主観で言われたことを「ダメなパーツ」として認識して、大人になってもずっと悩んでいることがとても多いのです。

「目が細い」と悩む人の目でも、私から見たら、十分ぱっちりしていると思うことが少なくありません。

まずは、自分が好きでない顔のパーツは、見方によってとても魅力的だということを知ってください。

　そして、もし見方を変えてみても「やっぱり、目はもう少し大きくしたい！」などと思うのであれば、メイクで工夫すればいいのです。

　私も、鼻が大きいのと目が小さいのが自分の中でコンプレックスでした。

　でも、アイラインとマスカラの付け方をちょっと変えただけで「目が小さい」と感じることがなくなったのです。

「自分の好きなパーツ」をひとつ見つける

自分がコンプレックスだと感じていた点の見方を変えてみたら、次は外見で自分の好きなパーツをひとつ、見つけてみましょう。

このときも、「自分では髪の毛がきれいだと思っているけど、アイドルの○○と比べたら……」とか、「顔の輪郭が好きだけど、○○ちゃんに比べると丸いしな」などと、誰かと比べないようにしてくださいね。

「誰か」の存在は忘れて、自分で「ここが好き！」「ここはイケてる」と思うパーツを、ひとつでいいのであげてみてください。

顔だけでなく、髪の毛、手の形、肩のライン、お肌のテクスチャー、爪の形など、なんでも構いません。自分の全身を見渡してみてください。

人からほめられたことがあるパーツでもいいでしょう。

最初は多くの人が「私なんて、めったにほめられることもないし……」とおっしゃいますが、じっくり考えると「そういえば」と思い当たることが、いくつか見つかります。

先ほどの、そもそもコンプレックスだったパーツが、見方を変えたら「いいかも？」と思えてきたのであれば、そこでもいいでしょう。

私の場合、顔の造作にはまったく自信がありませんでしたが、「手がきれい」「指が細いね」などとほめられることがあったので、自分でも手だけは気に入っていました。


もし、好きなところがいくつか見つかったら、その中でも特にお気に入りをひとつピックアップしてみましょう。

そして、お気に入りを少しずつ磨き上げていくのです。

まつ毛が長いところが好きなのであれば、より長さをアピールできるようなマスカラを選ぶ。

肌をほめられることが多いのであれば、もっとつややかになるよう、シートマスクをするなど、さらにもう少しだけ手間をかけてあげましょう。

私の場合、丁寧にハンドクリームを塗ったり、指のエクササイズをしたり、お気に入りのネイルをしたりするなどして、気に入っている「手」を大切に扱っていました。

そうして手をかけてあげると、自分でも愛おしくなってきますし、ほめられることが増えるかもしれません。

自信が持てる部分のひとつから、少しずつ自分を認めてあげることができるようになるのです。

あなたの好きなパーツをひとつ書いてください

例：手

そのパーツをもっと魅力的にするために、どんなことができますか？

例：ハンドクリームを塗る、指のエクササイズをする、
お気に入りのネイルをする

朝の一手間で簡単に「若見え、美人見え」が叶う方法

誰でも、現在の年齢に関係なく、一瞬で「若見え」「美人見え」が叶う、ちょっとしたテクニックがあります。

それは「**ツヤをプラスする**」ことです。

水分をたっぷり含んだフルーツや野菜がイキイキして新鮮に見え、乾燥してしぼんだものは古く見えるのと同じです。

まずは、お肌をしっかりと保湿すること。

高価な美容液を使うのも、もちろんいいでしょう。でも、もっと簡単にできる方法があります。それは、**朝のスキンケアで、化粧水をいつもより1回、多く重ねる**こと。

化粧水の工程を1回多くするだけでも保湿され、より潤った肌になります。肌が潤ってキメが整えば、ハリがあるように見えますし、トラブルも目立たなくなります。

肌だけでなく、髪にもツヤをプラスしましょう。

私は髪の毛にクセがあり、もともとツヤが出にくいタイプなので、ヘアオイルは欠かせません。どうやったら自分の髪にツヤが出せるのか、いろいろ試してみましょう。

メイクでツヤをプラスするのもいいでしょう。

ツヤが出るタイプのファンデーションや下地に変えたり、ハイライトを使ってツヤを仕込みましょう。ただし、ハイライトはむやみに顔全体に広げないこと。眉間や鼻先など、立体感を出し、ツヤっぽく見せたい部分に小さく入れるようにしましょう。

印象UPさせる「口角の位置」

コロナ禍以降、マスク生活が続いたこともあり、口元の表情に気を配らなくなった人が増加しました。オンライン会議の際に、画面に映る自分のふとした表情を見て、口が「へ」の字になっていることに愕然としたという方もおられました。

口角がほんの少し下がるだけで、美人度はグッと落ち込みます。

口が「へ」の字になっていると、疲れて不機嫌そうに見えるだけでなく、口まわりのたるみも引き起こし、老け見えします。

ただ、そうかといって、誰にも見られていないときまで笑顔でいるのは現実的ではありません。

私は朝、顔を洗うとき、ランチのあとに歯を磨くとき、そして夜、お風呂に入る前など、鏡を見る機会があるときに、「あいうえお」の「え」を発音するように、口角を上げて鏡に向かって笑顔を作っています。

こうすることで、口角を上げた表情がどんなものなのか意識できますし、頬の筋肉も鍛えられます。

マスクをしているときであれば、マスクの中で、何度か「え」と言ってみるのもいいでしょう。頬の筋肉を意識すると、数回でかなり鍛えられるのがわかります。

おうちにいるときは、唇で割り箸をくわえて数秒間、ホールドするのも笑顔のよいトレーニングになります。

人は「胸を張った姿勢や笑顔、上を向いた状態で落ち込むことはできない」と言われるように、表情や姿勢とマインドは深くつながっています。

笑顔でいる時間が多くなれば、思考がマイナスになることが減り、自然と自分を否定する時間もなくなっていくでしょう。

たかが「口角の位置」と思うかもしれません。でも、口角を上げることでまわりへの印象がＵＰするだけでなく、ご自身の心のケアにもつながるのです。

「え」を発音するように、
口角を上げる

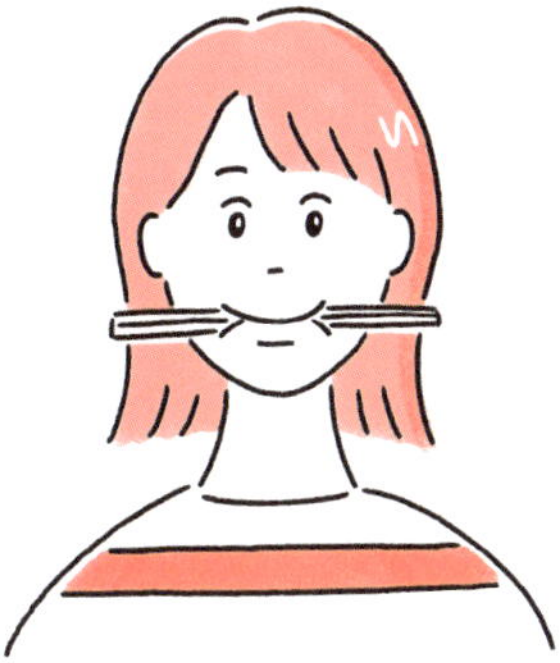

唇で割り箸をくわえて
数秒間、ホールド

40歳の私が5年前より若く見えるようになった理由

5年前の私は、30代半ばなのに、40代、ときには40代後半に見られることもありました。

ところが今、実際に40歳になったあとは、逆に30代に見られることが多くなったのです。

どうして5年前は「老け見え」していたのに、今では「若見え」が叶うようになったのか。

その最大の理由が、「**自分の〝似合う〟**」を知ったからです。

お話ししてきたように、私はそれまで好きで身につけてきた「リボンやレースのついた服」を、「もう30歳を過ぎているから」「主任だから」といった理由で、封印していました。

そして、私の個性に合わない、シンプルやカジュアルな服を選んでいたのです。

また、自分の顔立ちを考えずに、有名な美容家さんたちが提案する「流行りのメイク」ばかり追いかけていました。そうすれば「今っぽく」なり、若く見えると思っていたからです。

でも、まわりに振り回されてばかりいた私は、本来の魅力が発揮できていなかっただけでなく、「似合わない↓ほめられない↓自信を失う」というマイナスのループにハマり、自己否定ばかりして気持ちが暗くなり、表情も険しい日々を送っていました。

それが、より一層「老け見え」していた原因でしょう。

ところが、自分に似合い、魅力を発揮できる服を選べるようになると、「似合う↓ほめられる↓自信が身につく」という、まったく逆の状況になります。

外見だけでなく、内面からもイキイキとするようになるので、さらに若々しく見えるようにもなります。

洋服だけではありません。髪型、メイクなど、外見に関わるあらゆることは、ちょっとした工夫をするだけで、印象はガラリと変わります。

それなのに「女優の、モデルの、インフルエンサーの、○○さんみたいになりたい」などと、誰かと自分の個性を比べてしまうから、自分の魅力を見失ってしまう。

私は、**人を気にする時間を、もっと「自分に〝似合う〟」ものを知ることに向けてほしい**と思っています。

その助けとして「パーソナルカラー診断」「骨格診断」「顔タイプ診断®」などを受けるのもいいでしょう。家族や友人などに「どっちが似合う？」「どれがいいと思う？」など、客観的な意見を聞いてみるのもおすすめです。

ただし、先ほども述べたとおりこうしたイメージコンサルティングや診断の結果はあくまでも「ヒント」として捉えることが本当に大切です。

まじめな方ほど診断結果を「答え」と捉え、今度はこの「答え」に自分を合わせないと……と頑張り、本来の自分の「好き」や「個性」がわからなくなり、「診断迷子」となってしまう方も沢山いらっしゃいます。

診断結果はあくまでも、あなたをよりすてきに輝かせる「ヒント」であり、「指針のひとつ」です。

こちらもぜひ、頭の片隅に置いておいていただけると嬉しいです。

流行ものは「1〜2点まで」に抑える

「自分に〝似合う服〟」「自分の〝魅力が引き立つ服〟」を選ぶとき、気をつけていただきたい点がひとつあります。

それは、**流行ものはひとつのコーディネートの中で「1〜2点」に抑える**ということです。

メディアでは、シーズンごとに「今年の流行はコレ!」「今、買うべきはこのアイテム」といった情報がバンバン流され、いやでも目に飛び込んできますよね。

そうした「流行り」の情報をすべて無視してくださいと言っているわけではありません。

ご自身に似合う色やスタイル、アイテムをわかった上で「流行もの」を取り入れるのはもちろん大賛成です。

ただし、**全身「流行もの」にするのではなく、「1〜2点」をスパイス的に取り入れていただくことがすてきに見えるコツのひとつ**だと考えます。

なぜなら、いくらその年の「流行り」だからと言って、特に大人世代の方が全身に取り入れてしまうと「流行を追いかけてばかりいる人」「〝自分〟のことがわかっていない人」に見えてしまう可能性があるからです。「自分の〝好き〟が明確で、着たいモノを着る」ことが幸せな方であればもちろん問題ありません。

でも、自分に〝似合う服〟や自分の〝好き〟はわからないけれど、とりあえず流行りの服をやみくもに購入している方、まわりの方が着ているからとりあえず同じようなファッションをしている方、ダサいと思われるのが嫌だからとりあえず流行りの服を買っておけば安心だろうという基準で選んでいる方は注意が必要です。全身に流行りを取り入れるよりも「自分に〝似合う服〟」「自分が〝すてきに見える服〟（〝魅力が引き立つ服〟）」をベースにしましょう。そうすることで自分をわかっている人という印象になります。

その上で、「トレンドに遅れている〝自分〟に凝り固まった人」だと思われないよう、1～2点、流行ものを取り入れる程度に留めることが、すてきに見えるコツです。（もちろん職種等にもよりますので、アパレル関係やファッション関係のお仕事をされている方、ファッションやお洋服が大好きという方がたくさん取り入れていらっしゃるのも大変すてきだと思います。）

また、TPOに合わせるのも大切なことのひとつです。ある程度その場所や集まるメンバーなどに合わせたファッションをすることも意識しましょう。

簡単に上品に見える「色の魔法」

近年は「パーソナルカラー診断」が広く知られるようになり、実際に診断を受ける方も少なくありません。

自分に似合う色を知れば、似合う服やメイク用品を選ぶ手助けになりますから、とてもいいことだと思います。

ただ、私のもとにご相談に来られる方を見ていると、まじめな方ほど、「自分のタイプ以外の色は身につけない」「身につけてはダメだ」など、診断結果に縛られて、逆に魅力が十分に発揮できていないことがあります。

実は、**自分のタイプ以外の色でも、顔から離した位置、つまりボトムスや小物で身**

につけるのは、何ら問題ありません。

むしろ、ボトムスは範囲が広いので、そのときの自分が「なりたいイメージ」に近づけられる色を選ぶことで、効果的に魅力的に見せることができます。

たとえば、色彩心理学的にはイエローベースの色はカジュアルに見えるため、「上品に見せたい」ときは、ブルーベースを選ぶとよいかと思います。

ご自身のタイプにかかわらず、紺や薄いブルーなどのボトムスは、どちらかというと落ち着いて品のある印象を与えるはずです。

特に、万人におすすめでき、出会いの場などで好印象を与えられる色は、ズバリ「白」です。白にもさまざまなトーンがありますので、トップスで身につけるなら、ご自身に合う白を選ぶといいでしょう。

また、白のパンツやスカートは清潔で軽やかな印象を与えます。

「ここぞ」というときは白を効果的に使うといいでしょう。

すてきな大人の女性に見えるために大切なボトムスの丈

実は私には、30歳を超えても「若く見せたい」という意識から、膝上のミニスカートを穿いていた「黒歴史」があります。

なぜそれが「黒歴史」なのかというと、「すてきな大人の女性に見せる」という観点で考えると、ボトムスの丈は非常に重要で、その点においてミニスカートは大変難しいアイテムだと感じているからです。

「骨格診断」や「顔タイプ診断®」では、タイプによっては年齢に関係なく「短めのボトムスが似合う」と言われることがあります。また、その年によってはショートパンツやミニスカートなどミニ丈のボトムスが流行っていることもあるでしょう。

でも私は、初対面など好印象を与えたい場合、**特に30歳以上の方のボトムスは、膝**

が隠れる丈のほうが好印象を与えると思っています。なぜなら、膝より上の短い丈のボトムスは、どうしても露出が多めで、カジュアル感や「若作り感」が出てしまう危険性があるからです。

それぞれの好みや骨格などにもよりますが、私はいつもスカートを選ぶとき、**ふくらはぎがちょうど隠れる丈**を選ぶようにしています。

パンツは、スカートほどバリエーションはありませんが、やはり膝より短い丈はカジュアルになりがちですし、たるむほど長い丈もファッショナブルかもしれませんが、だらしない印象を与える可能性があります。

もちろん時と場合によって、たとえば、リゾートに出かけてショートパンツを穿くなどはいいでしょう。

でも「すてきな大人の女性に見せたい」という観点からは、スカートもパンツも同様に、膝よりは下の丈を選んでいただくことがおすすめです。

基本的に足首は見えるほうがスタイルアップと女性らしさが叶いますので、こちらも参考にされてみてください。

「女性らしさ」は曲線がポイント

「パーソナルカラー診断」「骨格診断」などの結果にかかわらず、誰でもすぐに、大人の女性らしさを演出できる方法があります。

それは「**曲線**」を意識することです。

たとえば、**メイクをするときに、チークをスッと直線的に入れるのではなく、少し円を描くように入れてみる。**

私は顔の幅が細く、面長タイプなので、特に意識して丸くチークを入れるようにしています。

ヘアスタイルであれば、アイロンでウェーブをつけてみる。極端にくるくるに巻かなくても、少しふんわりさせるだけで雰囲気は変わります。

お洋服を選ぶときも、シャツなどキリッとしたイメージを与えるアイテムよりもテロッとしたやわらかい素材のブラウスや、ドレープなどの曲線を意識するだけで、簡単にどことなく女性らしくなります。

また、カジュアルがお好きな方でも、デニムやパンツにテロッとした素材のブラウスを合わせるだけで、少し大人っぽく女性らしい雰囲気になりますよね。

カジュアルの定番、白のTシャツの場合、コットン100％だと素材やシルエットを選ばないと、体操着のように見えてしまうことがあります。

こういったお悩みをお持ちの方は、レーヨンやポリエステルなどの化繊の混紡《こんぼう》で、透け感があったり、曲線っぽいシルエットがあったりするものを選ぶと女性らしくなりますので、ぜひ取り入れてみてください。

生まれ持った自分の魅力を認めると見える世界と表情が変わる

「あなたらしさ」を見つけ、自分の魅力を認めて磨きをかけていく。

こう聞くと「ずいぶん手間ひまがかかりそう……」と感じる方もおられるかもしれません。「もっと手っ取り早く、今すぐかわいくなりたい！」と、インフルエンサーさんなどの誰かの真似をする。そうしたくなる気持ちもよくわかります。私もずっとそうでしたから。

でも、私の経験や、数多くのクライアントさんたちの事例から見ても、**「ほかの誰にもない自分の生まれ持った魅力を知り、そこを活かして輝かせる」ことが、結局、外見的に輝き、一番かわいくなれる最短距離**だということに気付きました。

しかも「自分の生まれ持った魅力を見つけて輝かせる」のは、費用対効果もバッグンにいい。

私は、有名な美容家さんの勧めるコスメや、雑誌のコーディネートをそのまま購入して、たくさんの費用を注ぎ込んできたにもかかわらず、何年も変わることができませんでした。それどころか、年齢を重ねるたびに、自信を失っていくばかり。

でも、自分の魅力を引き立ててくれるメイクや服がわかったことで、ムダな買い物はしなくなりました。

自分の魅力的なパーツを大切にし、磨きをかけていくのは、とても楽しい作業です。そして簡単にすてきになれる。

また、**そうして自分と向き合い、「今、自分を大切にしてあげている」と感じる時間を持つことで、「大切に扱う価値のある自分」というセルフイメージが高まり、自己肯定感もアップします。**

自分の魅力を認めてあげることができると、不思議とまわりが気にならなくなります。

そうして、少しずつ、人と「比べる」回数が減っていくのです。

自分も相手もすばらしい

私が以前勤めていた金融機関は、女性が多い職場でした。

女性が多いと「気楽」なイメージがあるかもしれませんが、実際は、まわりと比べて嫉妬したり、ウワサ話をしたりする人が多く、ドロドロした世界でした。

それに加え、数字で成果を比べられますから、ぎくしゃくすることも少なくありません。

でも、その世界しか知らなかった私は、そうして自分とまわりを比べてあれこれ思いながらも、自分を奮い立たせて生きていくのが、社会に出たらあたりまえなのだとあきらめていたのです。

ところが、自分を認められるようになり、金融機関を退職し、イメージコンサルタントになった私は、あまりにも世界が違うことに驚きました。

みなさん、自分の魅力を熟知して認めている。だから、人と比べたり、嫉妬したりすることがありません。

そして、自分の魅力を知って認めているからこそ、ほかの人の魅力を見つけ、認めてあげるのもとても上手です。

初対面でも「あなたのヘアスタイル、すてき、よく似合ってますね」とか、「顔のラインがきれいで、うらやましい」などとお互いを認め、ほめあうことができる。

私は「なんて、優しい世界があるのだろう！」と感動しました。

でも、しばらくすると、イメージコンサルタントに限らず、自分のことをよく知り、認めている人は、みんな「I'm OK, You are OK」と、自分も相手も一人の魅力ある人間として、扱っているとわかりました。

自分が人と比べることをやめ、自分も相手も認めてあげられるようになると、自然とまわりに似た人が集まってきます。

そして、人と比べて嫉妬したりうらやんだりすることがない、優しい世界に生きることができるようになるのです。


私は、自分に自信がなく、なんとかして「自分を変えたい！」ともがいていたとき、100冊以上もの心理学や自己啓発の本を読んでいました。

それでも、なかなかそのときにいた場所から抜け出せずにいました。でも、内面からだけでなく、外見からも、それこそ自分のお気に入りのパーツである「手」を磨き上げたり、自分に合うメイクを研究したりと働きかけたことで、少しずつ自分のことを認められるようになり、徐々に「心」にも変化が現れました。

ですから第2章では、まず「外見」についてお話ししました。

次の第3章では、内側から自分の持つ「セルフイメージ」を変えていく方法をお伝えしていきます。

第 3 章

あなたはすでに「100点満点」の人

――「セルフイメージ」を書き換える方法

人はセルフイメージどおりの人生を送る

第3章では、「①外見からのアプローチ」、「②内面からのアプローチ」、そして「③実際に行動するためのアプローチ」のうち、「②内面からのアプローチ」についてお話ししていきましょう。

過去の私は外見を磨けば、何か付け足せば、もっとよい人生になるのではないかと思っていました。しかし、外見だけを磨いても人は幸せにはなれません。なぜなら、自分よりかわいい人、きれいな人、美しい人は世界にごまんといます。自分自身を認め、自己信頼できる内面が整っていなければ、人と比較したり、自己否定したりするクセはなかなか直らず、もっともっとと終わりがない堂々巡りにもなりかねません。

そのため、内面へのアプローチも必須なのです。

私たちは、自分が自分のことをどう思っているかという「セルフイメージ」にあった行動を無意識のうちにとっています。

たとえば、自分のことを「人前で話すのが苦手」と思っていたら、できるだけ人前に立つことを避けようとするでしょう。

また、「運動神経があまりよくない」というイメージを持っていたら、積極的にスポーツをしようとは思わないでしょう。

人間が持つ「セルフイメージ」は、「環境」「経験」「学習」「常識」そして「教育」などからつくられると考えられています。

そして特に、まだ幼い6歳から12歳ごろまでの経験が、強烈に「思い込み」として潜在意識に刻み込まれると言われています。

たとえば、私の場合、小学生のころ、同級生の兄に「妹のほうがかわいい」と言われたことから、ずっと自分はかわいくないと信じていました。

また私は、世間から見てよいと思われる生き方を求める父に、特に理由の説明もなく、自分の考えや希望などを否定されることが多かったため、「父親の要求に満たないダメな子ども」「デキが悪い」というセルフイメージを持ってしまいました。そして、「自分の意見は求められていない」「自分の考えで行動するのはよくない」と考え、一般的な常識などに従うようになっていたのです。

ただ、このセルフイメージは、大人になってからの経験や自分自身のアプローチで、いくらでも書き換えが可能です。

人は自分の持つ、セルフイメージどおりの人生を送ります。

ですから、自分の魅力を引き出して、豊かな人生を送るためには、自分自身に対して否定的なセルフイメージをどんどん書き換えていくことが大切なのです。

ありのままの自分に100％のOKを出す

私は自分の経験から、頑張れば頑張るほど、セルフイメージは下がる一方だと思っています。

私はずっと「自分には、あれが足りない」「これもない」とまわりと比べて、自分にないものばかりに目を向けていました。

そして、何かを付け足そうと、必死で頑張ってきたのです。

私と同じように、何かを付け足して「理想の自分」になれば幸せになると思っている人も少なくないでしょう。

でも、**足りない何かを付け足して、「すごい自分」や「デキる自分」になろうとすればするほど、「今の自分はダメ」と、自分に言い聞かせているようなもの。**

他人に認めてもらおうと頑張り続けるのは、セルフイメージを高めるためには逆効果だと知ってほしいです。

第1章の「頑張り屋さんほど陥りがちな『自分責め』から卒業する」でもお話ししたように、「自己肯定感」というのは、「〝自分はすごい〟と思える」マインドのことではなく、「ありのままの自分」を認めてあげることです。

一般的なものさしで測ったら「よい」ところも、「悪い」ところも、そのままの自分を受け入れてあげる。

ありのままの自分に、「そのままでいいよ」と、１００％のＯＫを出せるようになると、人生が大きく変わっていきます。

「コップの法則」優先順位を間違えない

自分が自分に対して持つ「セルフイメージ」は、残念ながら、何かをした途端に翌日からガラッと書き換わるわけではありません。

でも、ある考えを基本に持つことで、セルフイメージはジワジワと高まっていきます。

その考えとは、「**大切な人のように自分を扱う**」ということです。

あなたはもしかしたら、自分を粗末に扱っているとは思っていないかもしれません。

でも、多くの人は、日常に追われるあまり、自分を大切にする気持ちや時間を失っています。

ここで、あなたにとって「大切な人」を一人、思い浮かべてみてください。親友でも家族でもペットのワンちゃんでも構いません。

その「大切な人」は、いつも自分の心の支えになってくれている。だから、何かお礼をしようと考えたとします。

たとえば、「大切な人」がメイク好きな親友だとしたら、海外ブランドのリップやアイシャドウをプレゼントしようと思うかもしれません。

また、「大切な人」がおいしいものが好きな会社の先輩だったら、こだわりの料理を提供するレストランに招待しようなどと考えるでしょう。

では、「大切な人」が自分だったらどうでしょうか？

あなたは、自分に対して、「大切な人」と同じように扱ったことはありますか？

私は、そんなことを考えてみたこともありませんでした。

以前の私は、自分で自分を認められず、他人からの評価を求めて、ボロボロになるまで頑張り続けていました。

そして、自分を大切にするどころか、自分の「好きなこと」や「心地いいこと」さえもわからないほど、自分の声を聞こうとしていませんでした。

「もっと自分を甘やかしていい」んです。

みなさん、自分に厳しすぎて、心の悲鳴が聞こえなくなっています。

自分で自分を甘やかしていい、と許可を出してあげてください。

優先順位は、まず自分自身を満たすこと。「自分」というコップの中に水を注ぎ、あふれたらはじめて、まわりに目を向ければいいのです。

自分を「大切な人」のように扱うと、「大切に扱われることに値する自分」というイメージが浸透します。

そうして、知らず知らずのうちにセルフイメージが高まっていくのです。

自分の「取扱説明書（トリセツ）」を作ってみよう

では具体的に、どうやって自分を大切に扱えばいいのでしょうか。

やるべきことをご紹介する前に、ひとつ、やってみていただきたいのが、**自分の「取扱説明書（トリセツ）」を作る**ことです。

「取扱説明書（トリセツ）」って何？　と思ったかもしれませんね。

ここでいう「取扱説明書（トリセツ）」は、家電の「取説」のような、詳細を記した難しいものではありません。

むしろ、やってみたら、作るのが楽しくなるものです。

自分の「取扱説明書（トリセツ）」は、まずあなたの好きなもの、好きなこと、楽しいことなどを書き出します。

そして反対に、嫌いなこと、できればやりたくないこと、苦痛なことなどもリスト化しましょう。やることは、たったこれだけです。

このとき重要なポイントは、「いい香りの紅茶を飲むのが好き」「部屋の掃除はあまり好きじゃないな」などとただ頭に思い浮かべるのではなく、実際に紙に書き出してみることです。

頭の中で考えているだけだとモヤモヤと浮かぶだけですが、書き出すことで自分の好きなもの、苦手なものを、より客観的に見ることができます。

また、思いついたことを頭からアウトプットすると、空いたスペースに次の情報が浮かびやすくなります。そうすることで、これまで見えなかった、自分の本当の「好き」や「苦手」に、どんどん近づいていけます。

書き出して「可視化」するのがポイント

「紙に書き出す」というと、面倒と感じる人がいるかもしれません。

でも、**頭の中にあることを「書き出して可視化」することの効果は絶大**です。

私は、何か気になることや悩んでいることがあるときは、必ず書き出してみるようにしています。

頭の中だけで考えていると、同じ考えがグルグル回って、どんどん悩みが深くなるのに、書き出すだけで「こんなことが気になっていたのか」と、客観視できて気持ちが落ち着くからです。

また、書き出すことで脳にスペースができると、そこに解決策が浮かびやすくなります。

「自分の好きなこと」「苦手なこと」なども、書き出すことで思いもよらなかった本当の気持ちが湧き出てくるはずです。

ただ、そのためのノートを準備したりするのが手間だと感じる人もいるかもしれません。

もちろん、特別なノートを用意したほうが気分が上がるという方は、専用のものに

書き出すのがいいでしょう。

でも、自分の「取扱説明書（トリセツ）」を作るために、わざわざノートを買ったり、準備したりする必要はありません。

手帳の1ページでも、何かをプリントした裏紙でもいいのです。字も、きれいじゃなくても、殴り書きでいいのです。

実は私も、以前は何かを書き出すことが苦手でした。でも、形式張らずに、そこらにある紙に書き出すようにしたら、面倒と感じずに書けるようになりました。

とにかく頭でわかった気にならず、ハードルを下げて、実際に「やってみる」。

これが何よりも大切です。

「ご機嫌力」をアップする21日間プログラム

1 毎日、何か「好きなこと」をひとつする

ある程度、「自分の好きなこと」や「苦手なこと」を書き出せたら、ここからが重要なパートです。

書き出したあと、21日間、つまり3週間、毎日ひとつでいいので、自分の「好きなこと」「心地いいこと」を実践してほしいのです。

なぜ、1週間でも、1ヶ月でもなく、21日間なのでしょう。

それは、人間の脳が行動を「習慣」として受け入れるのに、21日間が必要だと言われているからです。

新しく何かを始めても「3日坊主」になりがちなのは、脳の仕組みが関係しています。

私たちの体には「ホメオスタシス」という現状維持機能が備わっています。

「ホメオスタシス」があるおかげで、私たちの体は意識しなくても血液が循環し体温を一定に維持しています。

一方で「ホメオスタシス」は、何か新しいことを始めると、現状を維持できなくなるので「生命の危機」と感じます。そして「今のままでいいんじゃない？」と、もとに引き戻して今の状態を維持しようとするのです。

つまり、私たちが飽きっぽいわけでも、継続力がないわけでもなく、「ホメオスタシス」が、新しいことをやめさせるように働きかけるのです。

この最初の3週間を乗り越えると、脳は少しずつ変化を受け入れていきます。

私は「頑張れば頑張るほど、セルフイメージが下がり」「幸せから遠ざかる」と考えています。ただし、それは「誰か」と自分を比べ、「人の評価などの他人軸」のために頑張る場合です。

でも、本気で人生を変えたいのであれば、この21日間だけは世界で一番大切な「あなた自身」のためにぜひ頑張っていただけたらと思います。

そうすることで自分を大切にすることが習慣となり、セルフイメージが高まります。その結果、あなたには近い将来セルフイメージどおりのすてきな未来が訪れるのです。

「好きなこと」をする時間は「充電タイム」だと考える

「好きなこと」は、本当に何でも構いません。

たとえば「大好きな香りのバスソルトを使う」「好きなハーブティーを飲む」「お気に入りのブラウスを身につける」「30分公園に散歩に行く」「読みたかった漫画や本を読む」「気になる動画を見る」など、ここでもハードルを上げずに、すぐにできることだと実践しやすいでしょう。

「好きなこと」をする時間は、たとえ心配事などがあったとしても、できるだけ「今の自分」に集中して、思いっきり楽しんだり、味わったり、5分でも10分でもその時間にひたってください。

「今、自分の好きなことをしている」と意識すれば、「自分を大切に扱っている」ことが、しっかりと脳に伝わります。

ときどき、「自分の好きなことをする」「楽しむ」時間をつくることに、後ろめたさを感じる人がいます。

過去の私もそうでした。頑張っていない自分には価値がないとすら思っていました。でも、「自分の好きなことをする」のは、わがままなわけでも自分勝手なわけでもないのです。「自分」というコップを満たすために、思いっきり甘やかしてあげましょう。

もっと楽しんで大丈夫です。「楽しむことを自分に許可」してあげましょう。

好きなことをする時間は、すり減ってきた自分のエネルギーをチャージする「充電タイム」だと考えるといいかもしれません。

スマホだって、ヘビーに使っていたら、丸1日充電は持ちませんよね。

あなたがこれまで、自分の外側にある何かや誰かのために向けていたエネルギーを、ぜひ自分のために使ってあげてください。

次のページに、あなたの「好きなこと」「心地いいこと」を書いてみてください。

そして、毎日ひとつでもそれを実践できたら日付を書いて記録してみましょう。

わたしの「好きなこと」

あなたが「好きなこと」「心地いいこと」を
書き出しましょう!

21日間プログラム

毎日ひとつ「好きなこと」をやってみましょう

できたら日付を書きましょう！

START!

DATE /　DATE /

DATE /　DATE /　DATE /　DATE /　DATE /

DATE /　DATE /　DATE /　DATE /　DATE /

DATE /　DATE /　DATE /　DATE /　DATE /

DATE /　DATE /　DATE /　DATE /

GOAL!

自分の「取扱説明書（トリセツ）」に「自分ほめ」をプラス

ここで、あなたの「取扱説明書（トリセツ）」に書き加えてみてほしいことがあります。

それは、**「自分で自分をほめられる」とあなたが思うところ**です。**今の自分の「ほめられる点」を3つ書き出してみてください。**

もしかすると、「え、自分にほめられるところなんてありません」と感じる人も多いかもしれません。

でも、実は「自分をほめる」のはとても簡単です。

「今日、時間どおりに起きた」「食後にしっかり歯を磨いた」「予定より早く作業を終わらせた」「トイレをピカピカに磨き上げた」など、今日やったこと、できたことをあげていけば、3つどころか30個、50個もすぐに見つかるでしょう。

「え、そんなことでいいの?」と思ったでしょうか。

「そんな、誰でもやっていることでいいの?」と感じる方が多いかもしれません。

でも、ここには「ほかの人と比べて優れていなければ、ほめられない・ほめてはいけない」「〝すごく〟なければならない」という考えがひそんでいます。

人と比べて〝すごく〟なくていいんです。あなたに今あるものを認めて、ほめてあげましょう。


「自分ほめ」は、自分に「あるもの」にしっかりと目を向けてあげるためのトレーニングです。


どんなに簡単なことでもいいので、まずは3つあげてみてください。

「それだったら、いくつでもあげられる!」と思ったら、3つに限定しなくても大丈夫、思いつく限り、思いっきり自分をほめてあげましょう。

2 1日1回「自分ほめ」

自分をほめるやり方がわかったら、「自分の好きなことをする」と同じように、1日1回、自分をほめてあげましょう。

「洗い物を放置しないで片付けた、自分ってエライ」「後輩の仕事をヘルプした私って、すてき」「今日、まゆ毛がきれいに描けた、すごい」など、どんなことでもいいのです。

こうして日々、「自分のことを自分で認めてあげる」ことで、評価を求めて外に向いていた心が、自分の内側に向いてきます。

そして少しずつ、ほかの誰かが認めてくれなくても「自分は自分のことがわかっている」「自分はこのままでほめるに値するんだ」という気持ちになってくるのです。

私は「自分ほめ」を始める前は、頑張っているのに誰も認めてくれない、誰も頑張りをほめてくれないことに、無意識のうちにストレスを感じていました。他者に自分の評価を求めるから、人は苦しくなるのです。

そうして、ドカ食いに走ったり、必要もないコスメや服を買いあさったり、それで自分のストレスを満たそうとしていました。

でも、「自分ほめ」を習慣にすると、誰かに認められなくても、ほかの人にほめられなくても、心が落ち着いてきます。

そうして「自分はずっと自分の味方」「自分を大切にしよう」という気持ちになってくるのです。

自分の「取扱説明書（トリセツ）」に「感謝」をプラス

最後にもうひとつだけ、自分の「取扱説明書（トリセツ）」に、プラスしてほしいことがあります。

それは、**「感謝できること」「ありがたいと思うこと」を見つけること**です。**まずは、あなたが今、感謝できると思うことを3つ、書いてみてください。**

もしかしたら、「感謝」と言われても、何に感謝していいか、わからない人もいるかもしれません。

でも「感謝できること」を見つけるのも、実はとても簡単です。

よく「感謝」の反対は、「あたりまえ」だと言われます。

あなたが今、あたりまえだと思っていることを、「もしなかったら？」と考えてみてください。

たとえば、スマホはあるのがあたりまえ。でも、もしスマホがなかったら？目的地に行くまでの経路は事前に調べておかなければならないし、外出先でちょっとカフェに行きたいと思っても、近くに何があるか調べることもできません。友人と簡単に連絡を取り合うことはできず、待ち合わせに遅れそうになっても、連絡ができない。一緒に出かける予定を決めるのも、わざわざ電話をかけなければなりません。

ペットボトルの水を飲むのはあたりまえ。でも、もしペットボトルがなかったら？喉が渇いたら、水が飲める場所を探さなければなりません。

そうやって、ひとつひとつ見ていくと、今の自分はとても恵まれた環境にあり、感謝できることはたくさんあるとわかります。

人は、1日に6万回も何かを考えていると言われています。

でも、その大半が過去の後悔や未来への不安なのだそうです。

頭の中がいつも不安や不満でいっぱいだと、脳は考えていることを現実化しようとしますから、さらに不安や不満だらけの日々がやってきます。

自分を大切に扱うのであれば、不安や不満より、喜びや感謝を感じる時間を増やしていきたい。そのために、感謝できることを書き出してほしいのです。

3 1日1回「感謝する」

「自分の好きなことをする」「自分ほめ」と同様に、1日1回、何かに「感謝」してみてください。

「天気がよくて気持ちいい、ありがとう」「今日も温かいシャワーが浴びられて助かります、ありがとう」「観葉植物が元気に育っている、ありがとう」など、どんなことでも構いません。

私は、まだ「感謝のネタ」を探していたころ、目につくものすべてに感謝していた時期がありました。

朝、目が覚めたら、「ぐっすり眠れました、ありがとう」「ベッドのおかげで、気持ちよく休めました、ありがとう」「お気に入りのシーツで寝られてよかった、ありがとう」など、そのときに目につくものすべてに感謝します。

そして、顔を洗うときは「お湯が使えることに、感謝!」「いい香りの洗顔料で気持ちいい、ありがとう」「大好きなコスメがあってうれしい、ありがとう」など、片っ端から感謝していたのです。

そんなふうに感謝したいことを、最初は無理やりにでもいいので見つけて、たくさん感謝してみましょう。

感謝できることがたくさん見つかり、感謝が習慣になると、少しずつ心が満たされていきます。

どうしても難しいという人は、あなたが「もし明日から江戸時代にタイムスリップしなければならないとしたら?」、もしくは「どこかのまだインフラ等が整備されていない国に急に住まないといけなくなったとしたら?」と想像してみましょう。この現代の日本の便利さ、ありがたさに感謝があふれてくるのではないでしょうか?

極端かもしれませんが、どうしても難しい場合はこんなふうに考えるのもひとつの方法です。

このように1日1回、感謝を見つけ、「**自分を自分で満たす練習**」を繰り返すことで、自分を大切に扱うためのしっかりとした土台が築き上げられていくのです。

自分に目を向けるだけで世界は変わる「myself理論」

私は、「自分の好きなことをする」「自分ほめ」「感謝」の3つをまとめて実践することを、「myself理論」と呼んでいます。

なぜなら、いずれも**「自分が見過ごしていた自分にあるものに目を向け」、「これまで自分が〝あたりまえ〟と思っていたことを別の側面から見る」ことで、他人ではなく自分に目を向け、より深く知っていくきっかけになる**からです。

私はクライアントさんにも、よく「自分の好きなことをする」「自分ほめ」「感謝」をセットで提案しています。

なぜなら、不安や不満だらけだった私のドン底人生を大きく変えるきっかけとなり、実践して、もっとも効果が高かったのが、この3つのセットだったからです。

最初は、「イメージコンサルティングを受けているのに、なぜ〝自分ほめ〟???」と、キョトンとする方が少なくありません。

でも、お金をかけてまで理論を知りたい、学びたい、自分を変えたい、と考えて私のところに来てくださる方は、まじめな頑張り屋さんが本当に多いのです。

私があまりにも「だまされたと思って、21日だけやってみてください!」と熱心に伝えるので、試してくださった方は例外なく「気持ちが明るくなりました!」「楽しい時間が増えました」「雰囲気が変わったと言われます」などと、前向きな変化を報告してくださいます。

この本を手に取ってくださったあなたも、ぜひ21日間、「自分の好きなことをする」「自分ほめ」「感謝」の「myself理論」を試してみてください。

「myself理論」の実践に、費用は1円もかかりません。

必要なのは、「やってみよう！」という気持ちだけ。

そして何より、「自分の好きなことをする」「自分ほめ」「感謝」の3つは、やっていて、とても楽しいことばかりなのです。

不得意なことは「頑張らない」

ここからは「21日間プログラム」ではありませんので、ご紹介するやり方のすべてを実践する必要はありません。

「ｍｙｓｅｌｆ理論」が終了してから順に試してもいいですし、気になるものがあったら、ぜひ日常にどんどん取り入れてみてください。

まず、自分の「取扱説明書（トリセツ）」に書き出した嫌いなこと、できればやりたくないこと、苦痛なことはどうすればいいかをご説明しましょう。

苦手なことは、ムリに頑張る必要はありません。

「苦手な科目こそ力を入れる」という学校教育を受けた人は、苦手なことこそ努力して克服するという考えになりがちです。

「頑張ることが美徳」とされる教育を受けてきた私たちは無意識に頑張ることが普通になってしまっているのです。でも、元々不得意なことや苦手なことは、頑張ってもできない、もしくは平均以上の結果を出すことが難しかったりもします。

せっかく努力しても、「できない」「普通以上の結果が出せない」となると、挫折したり、「私って、なんてダメなんだろう……」と自己否定に陥ったり、セルフイメージを下げたりしてしまうのです。

もし可能であれば、誰かに任せたりして、手放したりする方法がないかも考えてみましょう。それができないのであれば、できるだけ効率よく終わらせる工夫をしましょう。

たとえば、私は料理が苦手です。それなのに「いい女は、もしくは大人なんだから料理くらいできなければ」といったイメージにとらわれて、仕事が終わってから料理教室に通ったこともありました。

でも、仕事から帰ってきて苦手な料理を作ろうとしても、疲れが増すばかりです。私は「料理が苦手」だと自覚してからは、ムリして作るのはやめました。

仕事で忙しかったら、好きなものを買って帰ってくる。そうすることで、私の「QOL(Quality Of Life)」、つまり生活の質や満足度はグッと上がり、自分を大切にすることにつながりました。

お掃除が苦手なのであれば、ロボット掃除機を買う、1ヶ月に1回でも家事代行を頼むなどが考えられます。

満員電車に乗ると人混みで具合が悪くなってしまうのであれば、時間をずらして通勤したり、リモートワークにできないか交渉することもできるでしょう。

会社の飲み会で大勢の人と話すのが苦手なのであれば、少人数のグループで話すようにしたり、理由を見つけてなるべく行かないようにすることもできるでしょう。

こうして苦手なことや不得意なことはとにかく頑張らず、少しずつ手放していきましょう。

「好き」か「嫌い」かわからないことは、メリット・デメリットを書き出して可視化する

「好き」「嫌い」のどちらにも分類できず、どうしたらいいかわからないこともあるでしょう。

知らず知らずのうちに、「やらなければならない」と思い込んでいて、なんとなく断れない。

そんな「何か」があるときは、頭の中でモヤモヤと考えず、メリットとデメリットを書き出して可視化すると、自分の気持ちが見えやすくなります。

たとえば、友人に誘われた飲み会。

▼**そこに行くことで、自分にとってよい点（メリット）**
＝お喋りしてストレス発散できる。料理を作らなくて済む。
▼**そこに行くことで、自分にとってよくない点（デメリット）**
＝帰りが遅くなる。費用がかかる。いつも自慢話ばかり聞かされる。

のように書き出してみたら、どちらかというと、自分にとってよくない点が多いと気付くかもしれません。

そうしたら、2回に1回は断るなど、少しずつ手放すようにすればいいのです。

あまり親しくない、会社の同僚の結婚式なども同様です。

▼**そこに行くことで、自分にとってよい点（メリット）**
＝義理が果たせる。
▼**そこに行くことで、自分にとってよくない点（デメリット）**
＝お祝い金を渡さなければならない（そのお金で好きなものが買える）。長時間、拘束されて休日がつぶれる。会社の人たちばかりで気を遣う。

のように書き出すと、本当の気持ちが見えてきます。

「本当は行きたくない」とわかったら、他人の思惑より〝自分の気持ち〟を大切にしてあげてください。

断るのに最初は勇気が必要かもしれません。もし言いづらければ、なんらかの理由を見つけて伝えるのもいいでしょう。

でも、実際にやってみると、あなたの心がスッキリと晴れやかになるだけでなく、あなたが心配していたほど、まわりから責められることがないのがわかるはずです。

モヤモヤするものからサッと離れることのススメ
——インスタグラムのこんな機能、ご存知ですか?

書き出すほどではなくても、なんとなくいい気がしない、モヤモヤするなどのように、気持ちが下がる環境や出来事があったら、その場から速やかに離れることをおすすめします。

たとえば、最近よく聞くのが、インスタグラムの投稿やストーリーズ。

インスタグラムには、通常のフィードの投稿とは別に、画像や動画を投稿してから24時間で消える「ストーリーズ」の機能があります。

加えて、リール機能のほか最近ではTikTokなども含め、SNSは気をつけて使用しないと無意識に自分を人と比較させる（セルフイメージを落とす）爆弾になる可能性があると思っています。

インスタグラムの投稿やストーリーズには、日常の中でいいところだけを切り取った「キラキラ投稿」があふれています。見たいと思って選択していないのに、次から次へと幸せそうに見える画像や動画が流れてきたら、比べたくなくても自分と比較してしまうこともあるでしょう。

そうしてモヤモヤする前に、見なくて済むようにしてしまえばいいのです。

インスタグラムには、フォローを外さなくても、ストーリーズや投稿が出てこないようにする「**ミュート機能**」が備わっています。

やり方はとても簡単です。

ミュートにしたい相手のストーリーズを選んで、長押しします。すると「ミュート」と「プロフィールを表示」という項目が出てきます。ここで、「ストーリーズをミュート」を選ぶだけ。

もしくは、「プロフィール」に行き、「フォロー中」のタブを押すと、「親しい友達リストに追加」などの項目と並び「ミュート」という項目が出てきます。

「ミュート」を押すと、投稿、ストーリーズなど、ミュートにしたい項目を選ぶことができるのです。

「ミュート」にしても、フォローはそのままです。「ミュート」したことが相手にわかることはありませんので、ご安心ください。（※2025年1月時点の仕様です）

私がクライアントさんにこの機能を教えると、「こんな機能、知らなかったです」「すごく気持ちが安定しました」と言ってくださる方が数多くいらっしゃいます。

自分がモヤモヤするものからは離れてよいのです。

「自己肯定感を下げる場所」から
どうしても離れられないときは？

ＳＮＳだったら、ミュートにしたりブロックしたりできる。

でも、たとえば「どうして、こんなこともできないかな」などと、イヤミを言う上司や意地悪な先輩など、気持ちを下げてくる人がいるのに、その場から離れることができない場合は、どうしたらいいのでしょう。

私は金融機関に勤めていたとき、そんな人と自分の間に透明のバリアがあるとイメージしていました。そのバリアが、心ない言葉をブロックして跳ね返してくれる。

そう考えて、必要以上に自分の気持ちが下がらないように自分を守っていたのです。

イメージするのは、なんでも大丈夫です。

たとえば、自分が透明な風船の中にいて、外から入ってくるものを遮断している。

もしくは、クリアな下敷きのようなものが相手との間にあり、声は聞こえてもネガティブなエネルギーは受け取らないなどでもいいでしょう。

コロナ禍に設置されていた感染予防のパーテーションなどをイメージしてもいいでしょう。

「自分の空間は守られている」という意識を持つことで、

自分以外のコントロールできない何かから影響を受けるのを、最小限に防ぐことができます。

こうして心の平穏を保つようにしながら、嫌いなこと、苦手なものなどを少しずつ手放していくことで、セルフイメージを下げる要因を減らしていくことができるのです。

「幸せ3大ホルモン」を味方につける

ストレスを緩和し、幸福感を感じさせてくれる代表的な「幸せホルモン」に、「オキシトシン」「ドーパミン」「セロトニン」があります。

この3大ハッピーホルモンには、活性化させるコツがあり、特定の行動をすることで増やすことができます。

上手に活性化できれば、幸せ感度がアップしてセルフイメージを高めることにつながります。

とても簡単なものばかりですから、できそうなことや気になるものがあったら、ぜひ日常生活に取り入れていきましょう。

・「オキシトシン」――抱き枕を活用する

「オキシトシン」には、気持ちを安定させ、ストレスを緩和、そして幸福感をもたらす効果があります。

オキシトシンは、家族や動物などとのスキンシップ、マッサージやエステをしてもらう、やわらかいものに触れるなど、直接、何かに触る以外にも、人との心の交流、動物の動画を見る、温冷浴、人に親切にするなどの行動でも分泌が高まると言われています。

一人でも簡単にできることに、友人や実家の家族に電話する、動物の動画を見る、温冷浴などがありますが、私のおすすめは**抱き枕**です。

触り心地のいい枕やクッションを用意して、「あ〜、気持ちいい」と感じたり、安心感を抱きながら眠りにつくと、毎晩、幸せな気分になります。

また、誰かに親切にしても「あたりまえ」のような顔をされたり、お礼を言われなかったりすると、ガッカリした気持ちになることがありますよね。

だからといって「親切にするのはやめよう」と考えるのはもったいない。「いいことをしたら、〝オキシトシン〟が出て、自分の幸せのためにもなるんだ」と思えば、自分から挨拶をしたり、席を譲ったりなど、小さな親切をしやすくなるでしょう。

・「ドーパミン」――ご褒美のとらえかたを変える

「ドーパミン」には、意欲や集中力を高め、多幸感を得られるといった効果があります。

ドーパミンは、好きなことや楽しいことをしているときに活性化され、特に何かの行動の結果に「ご褒美」があると、より増加しやすいと言われています。

最近、話題の「推し活」も、推しの活躍を疑似体験することでドーパミンが出やすくなるそうです。

私はよく、何かの行動のあとに、「プチご褒美」を用意します。

たとえそれが、午後にいつも飲むコーヒー1杯だったとしても、「この書類を終わらせたご褒美にコーヒーを飲もう」と考え方を変えるだけで、集中力がアップし終わらせるのが楽しみになります。

「ご褒美」というと、「旅行に行こう」とか「ブランドのバッグを買おう」など、何か特別なものを想定しがちです。

でも、「ご褒美」のとらえかたを変えて、いつもの行動を「区切りがついたら、アロマを焚こう」「このページまで終えたら、クッキーをつまもう」「3時になったら、好きな音楽を10分だけ聴こう」などと「プチご褒美」にするだけでも、ドーパミンが活性化されます。

また、「プチご褒美」は他人にもらうのではなく、自分で用意しますよね。つまり、誰かに認めてもらわなくても、「ご褒美をもらえるほど、自分は頑張った」と、自分を認めることにもつながるのです。

・「セロトニン」――1日10分、手のひらだけでも日光を浴びる

「セロトニン」には、マイナスな感情を抑え、心をリラックスさせて、前向きな気持ちになるようにするといった効果があります。

セロトニンは、朝日を浴びることで分泌が促されると言われています。

ただ、私は日焼けをしたくないので、カーテンのスキマから手のひらを差し出して、10分ほど日光を浴びるにとどめています。

また、**セロトニンは、ウォーキングやジョギング、水泳、ダンス、筋トレなど、一定のリズムで行う運動によって活性化されます。**

運動が好きであれば、エクササイズを楽しむのもいいですし、ご近所を散歩するのもいいでしょう。

さらに、**感情が大きく動くと、セロトニン分泌が増える**と言われています。ドラマや映画を観て感動したり、美術館に出かけて芸術に触れたりするのもいいでしょう。

セロトニンは、必須アミノ酸のひとつ、トリプトファンから合成されます。トリプトファンは、ヨーグルトやチーズなどの乳製品、納豆や味噌などの大豆製品、肉や魚に多く含まれますので、こうした栄養素を意識的に摂取していきましょう。

ほめ言葉を素直に受け取れないあなたにおすすめのアクション

私は、まだ「自分ほめ」を始めたばかりのとき、まわりから「今日、なんだかきれいだね」「そのバッグ、すてきですね」などとほめられても、ついつい「え〜、そんなことないです」「大したことないです」などと言いがちでした。

このような不要な謙遜をすることが「セルフイメージを下げる」とすでにわかっていたにもかかわらず、反射的に自分を否定するクセからなかなか抜け出せなかったのです。

そんな私が、ほめられたとき、素直に「ありがとうございます！」と言えるようになったきっかけとなる、あるアクションがあります。

それは「**自分から、相手をほめる**」ことです。

その日、出会った人のいいところを見つけ、口に出してほめる。

すると、「ありがとう！」という言葉と共に、「あなたも今日、顔色いいね」などと、ほめ言葉が返ってくることがよくあります。

つまり、**自分から「ほめられるかもしれない」状況を作って心の準備をしておき、実際にほめられたら、「ありがとうございます」と答える**のです。

自分がほめられたいからほめるというのは、「偽善的？」と感じる方もいるかもしれません。

でも、ほめるポイントを見つけようと意識するのは、出会う人のいい点に目を向けるということです。あなたが相手の長所を見つけてあげれば、相手は「認めてくれた」と感じるでしょう。

また「人をほめる」と、〝ほめた人〟の脳内でハッピーホルモンのオキシトシンが分泌されることがわかっています。

つまり、ほめられた人、ほめた人の両方がハッピーになり、お互いのセルフイメージがアップするアクションが、「自分からほめる」ということなのです。
ぜひトライして、あなたから幸せの循環を起こしていただけたらと思います。

第 4 章

「そのままのわたし」で幸せな人生を送るために

―― 頑張り癖のあるあなたに贈る「合言葉」

比べるのは他人ではなくて「過去の自分」

ここまで、「誰か」と自分を比べるのをやめて幸せになるために、「①外見からのアプローチ」、「②内面からのアプローチ」についてお話ししてきました。

最後に第4章では、知っておくと、もっともっと安定した心の土台をつくることができる考え方、そして「③実際に行動するためのアプローチ」をお伝えします。

ここでお話しする考え方を意識すると、先入観や思い込みから解放され、前に進む勇気が湧くはずです。

そして、自分にフォーカスして行動し続けることで、自然と「誰か」と自分を比べる習慣も手放しやすくなるでしょう。

ここまで他人と比べるのはやめようとお話ししてきましたが、「比べる」のは必ずしも悪いことばかりではないと思っています。

比較することで、ときには自分のいる位置を知ったり、刺激を受けたりすることもあるからです。

ただし、**比較するのは「誰か」ではなく、あなた自身、つまり「過去の自分」**にしてほしいのです。

他人と比べていると、ライバルは無限に現れます。でも、過去の自分だったら、比べる相手は一人だけ。それも自分次第で、過去よりどんどん変化していくことができます。

たとえば、去年のあなたは、「Aちゃんは、私より目が大きい。それに比べて、私は目が細い」と悩んでいたとします。

でも今年は、丸くない目は「スッキリとした美人顔」だという考えを手に入れ、自分の魅力のひとつだと考えられるようになった。

さらに、切れ長の目を強調するようなアイラインの引き方を学んで、美人だとほめられることが増えたとしましょう。

そう考えると、あなたの目の大きさは変わっていないかもしれないけれど、あなた自身は、大きく進化していますよね。

「あ〜、また失敗しちゃった。Bちゃんは仕事が速くてミスが少ないのに、なんて私ってダメなんだろう」などと人と比べると、落ち込みますし、自己否定にもつながります。

でも、3ヶ月前の自分はどうだったか比べてみましょう。まだ始めたばかりのプロジェクトで、何もわからずに、ひとつひとつ確認しながらでないと何もできなかった。

それなのに、今の自分はある程度、自分の考えで進めていける。3ヶ月前よりはできるようになっているとわかれば、自信を取り戻せますし、前に進む勇気も出るでしょう。

「誰か」と比べそうになったら、立ち止まって「自分の過去」と比較するようにしてください。ただ、最初はなかなか難しいかもしれません。

私がクライアントさんに「過去の自分と比べてください」とお伝えしても、慣れないと、「たしかに以前よりはマシだけど、でも〝あの人〟よりは全然ダメなんです」などと、人と比べがちな人が少なくありません。

最初はできなくても、「自分の過去と比べる」と意識することで、徐々に「誰か」ではなく、自分に目が向くようになります。そうして、少しずつ「比べない自分」に近づいていくのです。

自分で自分を幸せにすると「決める」

30歳を目前にしていたころの私は、とにかく「結婚すれば幸せになれる」と信じていました。

今はあれこれ悩んだり、つらい思いもしているけれど、「そのうち、白馬の王子さまが現れて結婚したら、すべてが変わって幸せになるんだ」と、漠然と思っていたのです。

でも**「結婚すれば幸せになれる」というのは、言葉を換えれば、結婚したら「誰かが私を幸せにしてくれるはず」と考えていた**ということです。

そんな人任せな考えで「〝誰か〟を待っている」だけでは、一生、幸せになれないと、ようやく目覚めたのが35歳になるころでした。

そして私は、誰かを待つより「自分で自分を幸せにする」と決めたのです。

私は決して「結婚」を否定しているわけではありません。また「結婚したら幸せになれない」と考えているわけでもないのです。

ただ「誰かに幸せにしてもらおう」としていると、幸せになれるかなれないかが相手次第になってしまうと言いたいのです。

「結婚」以外にも、「もし、親がお金持ちだったら幸せになれるのに」「私にあれができたら幸せになるはず」などと、自分の外側にある何かが叶えば幸せになれると考えるのは、自分で自分を幸せにできる力を持っているのに、自ら放棄しているのと同じこと。

人や環境をあてにしなくても、もっとたくさん自分のためにできることがあります。

「自分で自分を幸せにする」と決めましょう。

もしかしたら、そう決めただけで何が変わるのか、疑問に思うかもしれませんね。

でも、「自分で自分を幸せにする」と決断すると、目的地をセットしたカーナビのように、脳が自分で自分を幸せにできるように導いてくれます。

すると、自然と「自分で自分を幸せにする方法」を目にしたり、自分を幸せにしている人と出会ったりするなどの機会が増えていくのです。

変われる人は行動する

私は、自分のこれまでの経験や、数多くのクライアントさんのコンサルティングをしてきた結果から、「変われる人と変われない人の違い」は、たったひとつだと確信しています。

それは、**行動するか、しないか**です。

私の例でお話ししましょう。

私が「このままじゃイヤだ」「人生を変えたい」と思い始めたころ受けたのが、本書でもご紹介している「ｍｙｓｅｌｆ理論」の基礎となる講座でした。

その講座では、「自分ほめ」と「感謝」をすることが大切と学んだので、私はその日から、毎日、自分のいいところを見つけ、目が覚めたら感謝できる点を見つけて、を繰り返しました。

実践し始めてから1ヶ月もしないうちに、気持ちが少しずつ明るく前向きになり「もっと違うことを学びたい」と、外見を変えるコツや心理学などを勉強し始めたことが、人生を大きく好転させるきっかけとなりました。

もし私が「自分ほめ」と「感謝」の話を聞いても、「なるほど、たしかにそうだよね」「いいとよく聞くよね」と感心するばかりで、実際に試してみなければ、今でも「誰か」と自分を比べ、グチや悩みの多い生活を送っていたでしょう。

クライアントさんでも「前髪は短いほうが似合いますよ」とか「大きなイヤリング

をしてみたらいかがですか？」などというアドバイスに対して、すぐに実行される方と、「そうなんだ」と話を聞いただけで満足してしまう方とにわかれます。

すぐにアドバイスを実践される方は、次のセッションで「前髪を切ったら、若返ったと言われました！」「イヤリングをつけてみたら、ダンナが〝それ、かわいいね〟とほめてくれました」などと、変化を報告してくださいます。

一方で、「なるほどね」と聞いていただけの方は、セッションを重ねても、大きな変化は起こりにくい。

もしかしたら、アドバイスを受けても「たかが前髪くらいで、何かが変わるわけない」と思っているのかもしれません。

でも、人生の変化は、ほんの小さなきっかけを始めとして起こります。そしてそこから、大きな変化へとつながっていきます。

この本を手に取ってくださった方は、それだけですでに変わるための行動を起こしています。

ぜひ、この本の内容も「読んで終わり」ではなく、騙されたと思って、ひとつでも実践して、効果を体感していただきたいと思います。

「完璧主義」を手放し「学習主義」にシフトする

多くの人は、行動した結果が「成功」か「失敗」のどちらかしかないと考えがちです。

「0か100」しかないから、100だけを目指すという「完璧主義」に陥っているのです。

特に、頑張り屋さんほど「完璧」を目指して結果にこだわり、100でないと失敗したと思い自分を責めてしまう。

私はそんな頑張り屋さんに**「完璧主義」を手放して「学習主義」になりましょうと提案したいです。「学習主義」とは、「結果」だけではなく、「そこに至る過程」にも目を向ける考え方**です。

たとえば、テストで100点満点中95点だったとしても、その結果を見て「5点足りなかった、ダメだった」「失敗だった」と判断するのではなく、95点を取るだけの身につけた知識や学んだことに目を向けるということです。

「学習主義」にシフトすれば、「成功」「失敗」という考えはなくなります。

もし、何か行動した過程で思いどおりにならない点があるとしたら、「次に活かそう」と考えればいいのです。

たとえば「髪の毛をカールしたほうがいいですよ」と言われたので、思い切ってパーマをかけてみた。でも、ちょっとクルクルになりすぎて似合わなかった。

だからといって、パーマをかけたことは「失敗」ではありません。

まずは、試してみた自分をほめてあげましょう。その上で、自分に似合うカールの強さがわかったから、次からもう少しゆるめにしようと考えればいいのです。頭の中で考えたり、わかったつもりでいるだけでは現実は何も変わらない。

行動するからこそ、また次の行動が浮かび、その結果、どんどん現実が変わっていくのです。

「人生に〝失敗〟は存在しない、単にうまくいくまでの通過点」だという、私の好きな言葉があります。

そう考えて「完璧主義」を手放し、「学習主義」にシフトすると、行動するハードルがグンと下がるはずです。

いつも何かが不安なあなたへ「それはあなたがどうにかできることですか?」

行動できない大きな理由のひとつに「不安」があります。

特に、行動するためのエネルギーを消耗してしまうのが、漠然と抱える不安です。

漠然と抱える不安とは、自分ではどうしようもないことに対する不安のこと。

たとえば、「あんなことを言ってしまったけど、今ごろ気を悪くしていないかしら?」などという心配や、「このままだったら、明日、挨拶をしてくれないかも?」といった考えは、すでに終わったことと、まだ起きていないことに対しての不安です。

もう終わった過去も、まだ起きていない未来も、今のあなたにはどうしようもないことですよね。

こうした、**今のあなたがどうにもできないことに対する不安は、少しずつ手放すようにしてほしい**のです。

クライアントさんからよく聞くのが「私は将来、結婚できないかもしれない……」という不安です。

でも、不安を抱えて家にこもっていても、誰にも出会わないし、結婚するチャンスは増えませんよね。結婚したいのであれば「マッチングアプリを始めよう」「出会いの場に行こう」など、何らかの行動を起こさないと現実は変わりません。

ただ、そうは言っても、どうしても自分にはどうしようもないことや、考えても答えが出ないことが気になってしまうという場合、モヤモヤした不安を解消できる、おすすめの方法があります。

何だかモヤモヤしたり、漠然と不安になったりしたときは、「何が心配なのだろう？」と自分に問いかけて、思いついたことを紙に書き出しましょう。

書き出したことを見て、「あ、自分にはどうにもできないことだ」とわかったら、

斜線を引いて消し、その紙を捨てて、頭から追い出すようにするのです。

もし、悩みに対して自分に何かできることがあれば、書き出してみて、小さなことから順に実践します。

また、マイナスのことばかり考えてしまうときは、気分を変えるために「自分の好きなことリスト」から、その日にやりたいことを選んで行い、楽しい気持ちに変えていきます。

「21日間プログラム」が終わったあとも、日々、自分のご機嫌をいい状態にキープできるよう、「好きなことリスト」は常にアップデートして、活用していきましょう。

週に1回1時間以上、「自分との時間」を確保する

大人の毎日は忙しい。あっという間に1日が終わり、1週間が終わり、1ヶ月が終わる。

そんなふうに日々に追われ、気付いたら「1年経っていた」「3年経っていた」という人も少なくないはずです。

私が金融機関に勤めていたときがそうでした。目の前のやるべきことに忙殺されて生きていた結果、気付けばあっという間に10年以上が経ち、自分が何を好きなのかもわからない「自分迷子」に陥っていたのです。

「忙しさに追われて、自分のことなんか考えるヒマがない」というのもわかります。

でも、そのまま暮らしていたら、何も変わらずに、あっという間に月日が経ってい

きます。

私がそんな状況から、今のようになるのに何をしたかと考えたら、やはり一番大きかったのが「**自分に目を向けるようになった**」ということです。

先にお伝えした「21日間プログラム」は、自分に目を向け、今の自分にあるものに気付くためのものでした。

もし、3週間続けることができ、自分の習慣になってきたら、次にぜひやっていただきたいのが、「**週に1回1時間以上、〝自分との時間〟をつくる**」ことです。

たとえば「土曜日の朝は、1時間カフェに行って思いついたことを書き出す」とか、「金曜の夜は、寝る前の1時間を自分のために使う」など、あらかじめ時間を設定して、自分とのアポを取り、予定に入れてしまうのがおすすめです。

どうしても忙しい場合は、「日曜日の朝30分、夜30分」のように分割しても構いません。また、「行きの通勤電車で10分、帰りで10分、お風呂で40分」のように、スキマ時間を活用するのもいいでしょう。

今週は忙しかったから30分、その代わり、来週に1時間半というようにフレキシブルに考えるのもおすすめです。

ただ、先に予定を決めないと、どうしても忙しさに流されがちになります。

せっかく身についた自分を見つめるという習慣を失わないように、ぜひ、1週間に1回は自分のための時間を見つけてあげてくださいね。

あなたの「思い込み」に気付く

私たちが持つセルフイメージは、さまざまな思い込みからつくられています。「思い込み」は、「環境」「経験」「学習」「常識」、そして「教育」などからつくられるとお話しししました。

たとえば、「女性は20代で結婚して子どもを産むのがあたりまえ」という環境で育ったら、自然とそう思い込むでしょう。

私のように「妹のほうがかわいい」と言われた経験があれば、「自分はかわいくない」と思い込みますし、「みんなと同じにする」「はみ出さない」という教育を受けていたら、「みんなと同じが幸せ」と思うでしょう。

こうした思い込みから自分を解放し、ありのままの自分を認めてあげられるようになるためには、自分がどんな思い込みを持っているかを知ることが大切です。

時間に余裕がある週末にでも、一度、自分がどんなセルフイメージを持っているか、どういう思い込みがあるのか、書き出してみましょう。

このワークを、私は「自分Wikipedia」と呼んでいます。

やり方は簡単です。

まず今、自分の外見や内面で悩んでいるところ、気になるところを書き出します。

たとえば「目が細い」「鼻が大きい」「なかなか彼氏ができない」など、思いついたことをリストアップしていきます。

これが今、あなたの持っている「セルフイメージ」です。

そして、その悩みのひとつひとつに対して、「それって本当にそう?」「どんな出来事から、自分はそう思うようになったのだろう?」と問いかけてみてください。

人は、生まれてから起きた出来事をすべて記憶していると言われています。ただ、その記憶は、潜在意識という普段、意識しない部分に眠っています。

人間には、潜在意識と顕在意識があります。顕在意識とは、「お昼ご飯、何食べよう？」と考えたり、選択したり、決断したりする意識です。

そして、潜在意識は、記憶や直感などを司る無意識の領域です。

潜在意識に保管されている記憶は、問いかけることで脳が答えを導き出します。

そのため、悩みや気になることに対して、「どんな出来事から、自分はそう思うようになったのだろう？」と問いかけると、インターネットで検索をしたときのように、答えを教えてくれるのです。

ここでのポイントは、「なぜ、目が細いのだろう」「なぜ、彼氏ができないのだろう」などと、悩みを深掘りするような問いかけはしないことです。

そうすると、悩みの理由だけがどんどん見つかるだけで、解決策につながらないからです。

「自分Ｗｉｋｉｐｅｄｉａ」をする目的は、あくまでも、セルフイメージを下げるきっかけとなった出来事を探ること。そして、あなたが持つマイナスのイメージは「変えられない真実」ではなく、単なる思い込みであることに気付くことです。

誰でも、生まれてすぐに「私って目が細い」「彼氏ができない」などとは思っていなかったはずです。

なんらかの出来事があって、そう思うようになったのですから、その出来事を見つけていきます。

私が「自分Wikipedia」をはじめて試したとき、「なかなか結婚に結びつく恋愛ができない」という悩みがありました。そして、「どんな出来事から、自分はそう思うようになったのだろう？」と問いかけたところ、パッと父親の顔が浮かびました。

そして次に、父親に理不尽に怒られているところ、進学したい学校について、父親に否定されているところなどが思い浮かびます。

つまり、厳しい亭主関白な父親に育てられたため、私は男性と付き合って、怒られたり否定されたりすることが怖かったのだとわかりました。

同級生の兄に「妹のほうがかわいい」と言われたのを思い出したのも、「自分Wikipedia」を書いたときでした。

「自分Wikipedia」は、何度も行う必要はありません。

一度、30分から1時間ほどの時間をとり、自分のセルフイメージを下げるきっかけになったのは何か、探ってください。

それが見つかれば、あなたの悩みは、その出来事による思い込みだったとわかるはずです。

さらにもっと時間があるときには、小さいころに好きだったこと、よくしていたことなども書き出してみてください。

そうすることで、大人になって現実や仕事に忙殺されるうちに忘れてしまっていた、本来の自分の好きなことを思い出すことができるかもしれません。

ポイントは、潜在意識ができあがる12歳までの出来事や覚えていることを箇条書きで書き出していくことです。

自分を幼少期から掘り下げて言語化し、俯瞰《ふかん》して見てみることで、

- **自分の幼少期からの純粋な好き・嫌い、得意・不得意なこと**
- **自分の悩みや考えの原因となった出来事**
- **潜在意識にすり込まれている思い込み**

などに気付けたり、思い出せる自分だけの資料ができあがります。

もしくは、たとえば「私の好きだったこと」「私のこの○○という思い込みの原因は？」というようにひとつテーマを決めて、年代別に書き出して思い出していくのも書きやすいかと思います。

自分Wikipedia

（例）

◎幼少期

・3人姉弟の長女（4歳下の妹・6歳下の弟）として生まれる。

・父親と母親は9歳違いで、父親の力が強めの亭主関白な家庭で育つ。
（父親に怒られるのがとにかく怖かったため、
顔色を窺って行動する癖がついてしまったように思う。）

・人見知りで友達と遊ぶのが苦手。先生にくっついていた記憶がある。

・絵本が好き。

◎小学生

・読書が好きで、図書室によく行っていた。

・大人しくてどちらかというと引っ込み思案な性格。

・運動音痴なため、体育の授業がとにかく苦手で嫌いだった。

・学年の強めの女の子にいじめられた経験あり。

・基本的に真面目で頑張り屋さんな性格。
（今から思うとほめられたくて頑張っていた気がする。）

・両親が共働きだったため、学校から帰ると
妹と二人で親の帰りを待っていた。大人がいない環境の中で、
無意識に「何かあったら、お姉ちゃんだから頑張らないと（いけない）、
しっかりしないと（いけない）」という意識が育ってしまったのかも・・。

POINT

▶潜在意識ができあがる12歳までの出来事や覚えていることを箇条書きで
書き出していきます。

▶「私の好きだったこと」「私のこの〇〇という思い込みの原因は?」のように
1つテーマを決めて、年代別に書き出して思い出していくのもおすすめです!

あなたのWikipedia

あなたの「本当の」願いを知る方法

私のクライアントさんで、「結婚したい」が口グセの方がいらっしゃいました。

せっかくご相談してくださっているのだから、私もなんとかサポートをしたい。

でも、なかなか現実が変わらずにいたある日、私は「結婚したら得られるメリットとデメリットを書き出してみませんか」と提案しました。

すると、その方の場合、結婚するメリットは「親を安心させられる」「世間体が保たれる」などの、他人軸ばかり。

そしてデメリットとして「家に人がいたら気を遣う」「気軽に旅行に行けない」「人のために料理を作りたくない」などの本音がドンドン出てきて、最終的に、デメリットのほうが圧倒的に上回り、本当は「結婚したくなかった」とわかったのです。

心の中に、メリットよりデメリットが多く潜んでいると、脳はデメリットを避けることを〝望み〟ととらえて、叶えようとします。

私は、目安として**「3年以上叶っていない願い」は、本当の願いかどうか振り返ってみたほうがいい**と考えています。

3年経っても叶わない願いには、「世間の常識や環境などから生まれた思い込み」を願いと勘違いしていて、心の底から願っていないことが多いからです。

心から望む願いであれば、人はその願いを叶えるために自然に行動しようと思いますし、動き始めれば、現実はドンドン変わっていくからです。

あなたの夢は、他人に影響されたものではないですか？　世間の常識に引きずられたものではないでしょうか？

夢がなかなか叶わない場合、一度、立ち止まってみてください。

ネガティブな思い込みを解消する

ただし、先の女性は、デメリットが上回っていても「結婚したい」とおっしゃいました。

もしそうであれば、今の自分が持つ、結婚に対するネガティブな思い込みを解消していく必要があります。

たとえば、「家に人がいたら気を遣う」であれば、夫婦それぞれが自分の部屋を持てばいいとか、「気軽に旅行に行けない」であれば、二人で旅行に行く楽しみを見つけるなど、ひとつずつ今あるネガティブな思い込みをプラスに転換していきます。

ネガティブな思い込みが解消していけば、脳の抵抗がなくなり、夢の実現のために、行動に移していけるようになるのです。

五感を使った「イメージング」の重要性

世界レベルのアスリートたちは、よく「シュートを決めたところ」や「華麗に踊る姿」などを事前にイメージしていると言われています。

こうした**「イメージング」は、アスリートだけでなく私たちの願いを叶えるためにも、非常に有効な手段のひとつ**です。

なぜなら、人間の脳は「想像した世界」と現実の区別が苦手で、想像したことも現実として叶えようとするからです。

「イメージング」をするときは、できるだけ五感を使って詳細まで想像するといいと言われています。たとえば、理想の自分はどんな服を着てどんな歩き方をし、どんなふうに話をしているか。どんな香水をつけて、どんな味のものを食べているか。

想像しづらかったら、近い体験をしてイメージを膨らませるといいでしょう。

たとえば、月収100万円になりたいのであれば、毎月100万円稼ぐ人は、どんな場所にショッピングに行き、どんなお店で食事をし、どんな服を着て、どんな友人がいるのか。

実際に、そんな人が行きそうなお店に入って、そういった人たちを観察し、ウィンドウショッピングをしたり、コーヒーを飲んでみたりと体感すると、より想像しやすくなるでしょう。

私は、金融機関に勤めていたとき「イメージコンサルタント」がどういう仕事で、どんなことをすればいいのかまったく見当がつきませんでした。

でも、友人の一人がイメージコンサルタントとして独立していたので、実際に診断を受けてみたことで、どんな仕事なのかイメージしやすくなりました。

そのおかげで、イメージコンサルタントになっている自分をイメージしやすくなり、願いを叶える後押しになったと思っています。

「イメージング」は、毎日行いましょうと提案している方たちもおられます。

でも私は、まずは1回からでも十分だと思っています。

いったんカーナビをセットしたら、間違いなくその場所に行けるように、一度脳に刻み込めば、脳はそうなる手助けをしてくれるからです。

「でも、だって、どうせ」は封印する

安定した心の土台を築き、願いを叶えやすくするためにできることのひとつが「でも、だって、どうせ」という言葉を使うのを封印することです。

私がそうお伝えすると、多くの人は「自分は、そんなに使っていないから大丈夫」と考えます。ですが、実際にお話しすると、無意識のうちに「でも」「だって」「どうせ」が、飛び出してきます。

なぜ、この3つのワードを封印してほしいかというと、「でも、だって、どうせ」のあとには、必ずネガティブな文章が続くからです。そして、「でも、だって、どうせ」という言葉は、行動しない言い訳になり得るからです。

たとえば私が「こんな服がお似合いになりますよ」とおすすめすると、「え、でも、それじゃ派手すぎません？」と言う。

ピンクのチークをプラスすることをご提案すると、「どうせ、マスクなのにめんどくさい」と言う。

そして、私が「ｍｙｓｅｌｆ理論」の説明をすると、「だって、そんなことしても変わらない」と言われたこともあります。

「でも、だって、どうせ」を使わないように意識していても、つい、口を衝《つ》いて出てしまうこともあるでしょう。

そんなときでも、「あ〜、またやっちゃった」と自分を責めないでくださいね。

「でも、だって、どうせ」と言ったあとの内容を、ポジティブなものに変換すれば、脳は結果として、前向きな話だったと理解してくれるからです。

私は、クライアントさんが「え、でも、その服じゃ派手すぎません？」と言ったら、「毎日、こうでなくてもいいんですよ」「お食事に行くときだけでも、こんな服にしてみたら、イメージ変わってよくないですか」などと返します。

もし、「どうせマスクなのに、チークなんてめんどくさい」と言われたら、「ここにちょっとピンクがあるだけで、表情が大きく変わりませんか」「2秒でできますよ」とご説明します。

「だって、そんなことしても変わらない」と言われたら、「だまされたと思ってやってみてください！」「小さなことでも行動すれば、何かが変わります」とお話しします。

私のような相談できる相手がいない場合は、自分の頭の中で「でも、だって、どうせ」を言ってしまったあとに、「あ〜、今のなしなし」「派手だけど、たまには着てみようかな」などと、訂正していけばいいのです。

「マニュアルやノウハウ」よりも大切なこと

メイクアップアーティストさんや美容家さんなどの「毎日メイク」を見て真似してみたり、雑誌の「1週間コーデ」をそのまま取り入れようとしたりなど、私たちは「マニュアルやノウハウ」に頼りがちです。

でも、あなたの魅力を最大限に引き出し、人と比べることなく心穏やかに望む生活を送るためには、「マニュアルやノウハウ」よりも、もっと大切なことがあります。

それは、**自分の感覚を信じる**ことです。

たとえば、パーソナルカラー診断で「似合う」と言われた色でも、自分が着ていて心地よくない、好きでない色なら、着なくていい。

婚活本で「モテファッション」が提案されていても、好みのスタイルでなければ、ムリして身につける必要はないのです。

「マニュアルやノウハウ」に頼ろうとすればするほど、あなたらしさや個性が消えていきます。そして、せっかくのあなただけの魅力が失われていくのです。

これは、金融機関で勤めていたときに、美容本や婚活本を読みあさり、世間で「よい」と言われる「誰か」になろうともがいていた、過去の私にも伝えたいことです。

私は、「好き」や「心地いい」という感覚が、あなたにとっての一番の「正解」だと思っています。また、あなたの気持ちを第一に優先してあげるのは、自分を大切にすることにもつながります。

ただ、「マニュアルやノウハウ」やプロのアドバイスがまったく役に立たないという訳ではありません。

私は、パーソナルカラー診断や骨格診断などの結果、そしてプロのアドバイスなどは、ヒントとして活用するのが一番いいと思っています。

「このタイプだから、この色」「このタイプだから、このスタイルでなければ」と、自分の気持ちを押し殺してまで、頑なに守る必要はありません。

「この色がいいと言われたけど、もう少し明るい色が好きだから、こっちにしよう」とか、「このスタイルは苦手だから、それ以外で考えよう」など、自分の心に素直に、アドバイスも取り入れていくといった柔軟な姿勢が、あなたの魅力を高め、あなたらしさを生み出します。

上手くできているかの指標は「あなたが〇〇か」どうか

何かを始めてみても大きな変化を感じられず、「このままでいいのか？」と迷うことがあります。

そんなとき「これで大丈夫か」を判断する指標が「あなたが心地よく、ご機嫌かどうか」です。

もし、「つらい」「苦しい」「なんだかモヤモヤする」「好きじゃない」のであれば、それはあなたにとっての正解ではありません。

クライアントさんでも、パーソナルカラー診断、骨格診断など、同じ診断を何回も受けて、それでも自分が魅力的になったと思えず、表情が暗いままの方が相談に来られることがあります。

たいていは、マニュアルにがんじがらめになって、心地よくないにもかかわらず、ずっと答え探しをしていたり、自分の心の声を聞かずにいるため、自分をご機嫌にすることができずに苦しんでいます。

「この服が〝正解〟といわれるものを身につけているけど、自分はこの服は好きじゃない。もしそうであれば、診断結果はいったん置いておいて、自分の心の声を聞いてみてほしいのです。

診断結果やノウハウを聞いて「なんか違う」と感じたり、「それは好きじゃないな」と思ったら、従わなくて構いません。

自分の気持ちが「いい」「楽しい」「好き」「心地いい」など、ポジティブな反応を示すものだけを取り入れていきましょう。

私は、この本で提案しているワークなども、ムリしてすべて実践する必要はないと思っています。

ここでご紹介しているのは、あくまでも私が試して効果があったものです。

「21日間プログラム」だけは、誰でも、どんなタイプの方でも、心の土台をつくるためにやっていただきたいと思っていますが、それ以外は気になるもの、好きなものをあなたの心に聞いて、響いたものだけを選んで試してみてほしいと思っています。

人生は思っているよりもずっと短い。1秒でも早く自分に満足したほうがトク

私のクライアントさんで、最年長の方は58歳です。

私がまだ20代だったころは、40～50歳くらいになれば、悩みなどなくなって、穏やかに幸せに暮らせるのだろうと漠然と思っていました。

でも、40歳になっても、50歳になっても、20代のころの私のような悩みを抱えてい

る方も少なくないのが現実です。

私は、クライアントさんのお悩みのほとんどは、まわりの評価を気にして、まわりと自分を比べる「他人軸」の習慣から生まれていると考えます。

人の意見や評価などは、自分ではコントロールできないこと。

自分ではどうしようもないことに振り回されていたら、60歳になっても70歳になっても、悩みは尽きないでしょう。

忙しい現代に生きていたら、日々があっという間に過ぎ去っていきます。

気付いたら、1週間、1ヶ月、そして1年が終わっていたと感じる人も少なくないはずです。私も、就職をした22歳のときから、早くも20年近く経ち、もう40代となりました。

誰にとっても人生は、思っているよりとても短い。

何かを変えたいなら、どんな小さなことでもいいから行動しないと、あっという間に、40代、50代になっていきます。

そして、何歳になってもいつまでも、同じような悩みを抱える自分を想像したら、ゾッとしませんか。


「誰かにかわいいと評価してもらう」「誰かに幸せにしてもらう」などと、人をあてにして、今という大切な時間を不幸せに過ごすのはもったいない。

私も以前は他人軸、他人主体の考え方で、自分を認めてあげられず、悩みが尽きないドン底の人生を送っていました。

でも、自分に目を向け、自分を大切に生きることを学ぶと、本当に同じ人生なのかと思うほど、見える世界が変わりました。

何歳からでも遅くありません。

私は、一人でも多くの人に1秒でも早く、自分に満足し、自分で自分を幸せにしてあげられるようになってもらいたいと思っています。

人の人生と比べていても終わりはありません。

それよりも自分にとって何が幸せなのか、自分の「大切な価値観」を知り、それが満たされた人生にするために行動する。

それが何よりも大切なのです。

おわりに——

何歳からでも満足感のある幸せな毎日と人生を手に入れることができる

「誰か」とあなたを比べない。

そうすることで「人はみんな幸せになれる」と確信したのは、私自身が、誰よりも他人の評価や世間の常識を気にする「自己否定と不満だらけのアラフォーＯＬ」だったにもかかわらず、人と比べることが減ったことで、劇的に人生が変わったからです。

特に私は、ＨＳＰ（Highly Sensitive Person）の傾向があり、まわりの感情や反応に人一倍、敏感だったため、自分と人を比べては、ダメな自分を責めて否定することを繰り返し、限界までストレスを積み重ねていました。

そんな状態から抜け出すために、私は「パーソナルカラー診断」「骨格診断」「顔タイプ診断®」など、手当たり次第、学び始めました。

でも、しばらくすると、外見は磨かれてきたのに、心底、幸せを感じていない自分がいました。

いくら外見を磨いても、自分よりきれいな人・かわいい人は世の中にごまんといます。

比べることをやめない限り、外見磨きには終わりはありません。

自分で自己価値を認められる内面が整っていなければ、人は本当の意味で幸せになれないことに気付いてしまったのです。

そこから心理学を学び始め、試行錯誤を繰り返すこと10年以上、やっと気付いたのは、人は外見だけ整えても、反対に内面だけ磨いても、本当の意味で幸せを感じることができないということ。

両方を磨くことで、やっと心の底から自分を認めて大切にしてあげることができ、幸せ感度がアップするのです。

さらに私はイメージコンサルタントとして、たくさんの女性と接するうちに、独身でも、結婚をしていても、子どもがいても、いなくても、20歳でも、50歳でも、自分の外側にあるものばかりに気を取られ、比べてばかりいる人は、ずっと悩み続けていることに気付きました。

そして「他人」ではなく「自分」に目を向けてあげることが何よりも大切だと知り、「あの人と比べない練習」を繰り返した方から、人生が大きく変わっていくのを何度も目にしてきたのです。

誰かに幸せにしてもらうのを待つのではなく、自分で自分を幸せにすると決める。

自分で自分にOKを出す。

「楽しむこと」を自分に許可する。

そこから、あなたの人生は変わり始めます。

「外見」も「内面」も「自分研究」が本当に大切です。

トライアンドエラーを繰り返し、楽しみながら「自分研究」を進めていけば、気付いたら見える世界がまったく違うものになっているでしょう。

小さなころの「習いごと」と一緒。まさにコツコツ日々「練習」です。

「すごい人」にならなくても、あなたは必ず「幸せ」になれるのです。

あなただけの魅力を見つけ、輝かせられる人が、一人でも多く増えますように。

本書を、あなたの幸せのために、上手に使っていただけたらとてもうれしいです。

瀧本紗代

［著者］
瀧本紗代（たきもと・さよ）

心理カウンセラー／イメージコンサルタント
1982年生まれ。関西在住。

国公立大学（心理学専攻）卒業後、金融機関へ就職。32歳で主任職となるも、ストレスによる体調不良に何年も悩まされるようになる。時を同じくして「独身アラフォー」という年齢呪縛にも苦しみ、無価値感にさいなまれる日々を過ごす。

試行錯誤する中で、外見コンサルティング・心理学・脳科学などを学び、自己価値を認められるようになったことで、外見や内面・見える世界・人間関係までもが180度変化する経験を得る。

38歳で金融機関を退職後、イメージコンサルティングサロンを主宰。これまでに延べ600人以上のコンサルティングに携わる。大手百貨店においても複数の診断実績がある。外見だけではなく、内面の悩みにも幅広く寄り添ったアドバイスが評判を呼び、地方在住ながら日本全国から多くの相談者が訪れている。自身の持つHSP気質を生かした物腰の柔らかさと、高い共感力・寄り添い力が魅力である。

現在は、主にオンラインにて、セミナーや講座・個別セッション・コンサルティングなどを実施。外見や内面が変化したことで夢をかなえる女性や人生まで変わる女性が多くいる。SNSの総フォロワー数は約5万人。

自分に自信を持ち、人生に満足感を持って生きる女性を増やすことを使命と感じている。

「あの人」と「わたし」を
比べない練習

2025年4月22日　第1刷発行

著　者――――――瀧本紗代
発行所――――――ダイヤモンド社
〒150-8409　東京都渋谷区神宮前6-12-17
https://www.diamond.co.jp/
電話／03･5778･7233（編集）　03･5778･7240（販売）

ブックデザイン／イラスト――山村裕一（cyklu）
編集協力――――――塩尻朋子
校正――――――――鷗来堂
製作進行／DTP――――ダイヤモンド・グラフィック社
印刷／製本―――――勇進印刷
編集担当――――――吉田瑞希

ISBN 978-4-478-11800-9

◆ダイヤモンド社の本◆

10万部突破のベストセラー「繊細さんだから」深く味わえる日々の幸せを教えます

「繊細さ」は「幸せを感じるため」の素敵な気質。大人気「HSP(とても敏感な人)専門カウンセラー」が“繊細なあなた”だからこそ感じられる毎日の幸せを教えます。HSPは克服すべき課題ではなく「ともに生きるもの」なのです。

今日も明日も「いいこと」がみつかる

「繊細さん」の幸せリスト

武田友紀[著]

●四六判並製●定価(1300円+税)

https://www.diamond.co.jp/